Manifiesto Del Mariscal De Campo Don Ramon Maria Narvaez, En Contestacion Á Las Acusaciones Del Capitan General Conde De Luchana...

Ramón María Narváez

MANIFIESTO

del Mariscal de campo

D. RAMON M. NARVAEZ,

MANIFIESTO

del Mariscal de campo

DON RAMON MARIA NARVAEZ,

en contestacion

á las acusaciones del Capitan general

CONDE DE LUCHANA.

———◆———

Madrid:

Imprenta de la Compañía Tipográfica.

——

1839.

ADVERTENCIA.

Este escrito ha sido redactado con intérvalo de algunos meses entre la primera y la segunda parte.

Aquella fué compuesta antes de mi espatriacion é inmediatamente que llegó á mis manos la primera esposicion del conde de Luchana contra la formacion del ejército de reserva.

Hallándome aun en Sevilla, la remití á Madrid para ser impresa, con don Miguel Rodriguez Férrer, oficial que habia servido á mis órdenes; pero este fué detenido en Aranjuez por disposicion del capitan general de Castilla la Nueva y con dificultad pudo hacer llegar á manos de mis amigos de la corte el escrito que les dirijia.

El giro que el ministerio dió á los sucesos de Sevilla, lo mal informada que la opinion estuvo por algun tiempo respecto á aquellos hechos hicieron suspender la publicacion, que luego mandé detener para añadir la nueva y mas estensa contestacion que exigia la segunda diatriba del general Espartero.

No he podido ocuparme de este trabajo sino en tierra estraña, falto de documentos y de datos, y sin tener á la vista mi primer trabajo.

Esto esplicará la diferencia de estilo que entre ambas partes se observa, y las repeticiones en que he solido incurrir.

Cuando pude comparar ambos trabajos, no era ya tiempo de uniformarlos.— La distancia á que me encuentro, lo dificiles que se han hecho mis comunicaciones con el interior de España, por lo espuesta que se halla toda mi correspondencia, hubieran exijido muchos meses de dilacion antes que este escrito viese la luz pública.

He preferido que aparezca con los defectos enumerados á guardar por mas tiempo el silencio.

Debia la verdad á mis conciudadanos y tenia ansia de manifestársela con la franqueza de un soldado que no sabe adular ni fingir.

RAMON MARIA NARVAEZ.

TANGER 16 de abril de 1839.

ERRATAS IMPORTANTES.

——————

En la página 44, línea 13 donde dice RESISTENCIA, léase INSISTENCIA.

En la misma página, línea 18 donde dice RESERVÉ, léase REITERÉ.

En la misma página, línea 23 donde dice AQUELLA, léase AQUELLOS.

En la página 47 línea 9 donde dice LAS, lease LA.

En la página 48, línea 13 donde dice EFECTOS, léase ÓRGANOS.

En la página 57, línea 2 donde dice YA, léase YO.

En la página 59 línea 10, donde dice CONSIGUIENTE, léase URGENTE.

En la página 60, línea penultima, donde dice DECLARÁSE, léase DESECHÁSE.

...idad...
...ad y ha...
...edad...
...na...
...ien...
...tor!

...la responsabilidad alguna ... ...nal
...y en defensa de su persona, socorro ...fa...
...encia de mano o instrumento...

Cuando bien consista en la ... ...ligero
...ligero por lo ... ...ó... ...igerali... 21 ...a...
...obre ellos, pero subsanando los ... ...da...
... ...eso de licencia. ó tanto si ... por el
...obre el que el público censure ... y por eso ...
...consideran que no es nada más que una...

Cuando el mas acrisolado patriotismo y un pundonor nunca desmentido me obligaban á separarme de los bizarros compañeros de armas que habia esperado dirigir en los combates hasta ver libre á mi patria de la guerra civil que la aniquila, el conde de Luchana lanzó un grito de rencor que resonando en todos los ángulos de España, difundió en los corazones la inquietud y el desconsuelo. Olvidando su propia dignidad y la dolorosa situacion de la patria que reclama altamente la union de todos sus hijos, se constituyó sin responsabilidad alguna, en acusador mio y en delator *de un partido contrario á S. M. y enemigo de nuestras instituciones.*

Pronto hubiera contestado al libelo infamatorio, firmado por S. E. en Logroño á 31 de octubre último, pero sobrevinieron los memorables sucesos de Sevilla, é impulsado por mi amor á aquel pueblo generoso, y por graves consideraciones que espondré mas adelante, pos-

1

puse la defensa de mi reputacion indignamente ultrajada á la satisfaccion de libertarle de inmensos males que habrian transcendido indudablemente al resto de la monarquía. Este noble y desinteresado sacrificio encendió mas la cólera del conde de Luchana, y le sirvió de pretesto para dár por justificadas sus calumniosas aserciones.

La esposicion elevada por él á S. M. desde Logroño el 6 de diciembre, completó la obra de difamacion cimentada en la anterior. Ciego de emulacion, ansioso de venganza, olvida la generosidad que debe distinguir á un guerrero español, y se constituye en delator, en fiscal y en juez de dos generales que han servido, no sin gloria, á su patria, que solo conservan la vida para sacrificarla en su defensa, y cuya conducta estaba ya sometida al fallo de las leyes.

Mi pais, la Europa juzgarán imparcialmente esta conducta, y la posteridad atónita, que apenas creerá la série de atentados cometidos por el conde de Luchana, imprimirá á su funesto nombre el sello del oprobio á que cada dia se hace mas acreedor.

Tan íntima es la conviccion que me anima de que le aguarda este digno galardon, que ni aun mi propia defensa me obligaria á dirigir mi voz á mis compatriotas si no fuese urgente revelarles la situacion de la patria, y los peligros inminentes que amenazan al trono y á las instituciones que nos rijen.

Yo les debo un tributo de verdad, y voy á pagársele. Proscripto, fugitivo, objeto de un rencor implacable, mi voz encontrará acogida en todos los pechos generosos. Mi voz no es la de un general que al frente de un ejército numeroso y aguerrido pretende dictar leyes al trono y á los pueblos, sin haber dado firmeza y solidez al uno, sin haber proporcionado á los otros la paz por que suspiran.

Seré preciso en mis observaciones y para ello analizaré una tras otra las dos esposiciones del conde de Luchana.

REFUTACION DE LA PRIMERA ESPOSICION.

Cuando el gefe militar que manda un ejército numeroso al frente de un enemigo fanático y audaz, desatiende al cumplimiento de los altos deberes que le impone su posicion para ocuparse de intereses y cuestiones de partido; cuando anuncia que vá á descorrer el velo que cubre peligrosas maquinaciones; cuando ofrece su apoyo para desbaratarlas, preciso es que haya encontrado pruebas positivas del crímen, de sus autores y de su poder. En este caso fuera el silencio un crímen: la franqueza es digna de la gratitud nacional. Las leyes trazan al gobierno la senda que debe seguir para alcanzar el castigo de los delincuentes, ó sellar con eterna infamia la frente del calumniador.

Pero si abusando del poder que le confió la corona, é invocando mentidos servicios y un falso patriotismo, formúla acusaciones vagas y aduce hechos que por sí solos patentizan su impostura, no es necesario otro proceso para demostrar que el encono, la envidia, y la mas insensata ambicion han sido los móviles que le han guiado.

¿ Qué partido denuncia el conde de Luchana á la pública execracion? ¿Cuáles son sus planes? ¿Con qué recursos cuenta para realizarlos ? ¿ Por qué medios ha privado á la augusta Gobernadora del reino *de aquella accion que en otros tiempos derramaba los beneficios à que propende su natural bondad?* Sin resolver estas cuestiones de una manera clara, precisa, terminante como exijia su magnitud é importancia, el conde de Luchana cita como único comprobante de sus asersiones ó sospechas la formacion del ejército de reserva que dice *vió con asombro*, y que reputa capaz de aumentar los males que aflijen á la nacion.

Ignoro absolutamente donde ni cómo exista el *club tenebroso* que denuncia el conde de Luchana; pero si existiese le considero tan criminal como lo es este en no continuar en sus revelaciones, desde que consiguió su intento, al parecer el único, de derribar al hombre que aborrece. Enemigo de asociaciones secretas, creyéndolas siempre funestas á la libertad porque su tendencia natural es satisfacer ambiciones individuales, y sustituir al imperio de la voluntad nacional la dominacion de una voluntad tiránica y facciosa, no solamente he rehusado inscribirme en ellas desde los primeros años de mi juventud, sino que hé estado constantemente dispuesto á combatirlas. ¿ Qué actos de mi vida pública cita el conde para justificar su aserto de que soy afiliado é instrumento de un partido criminal? En los años de 20 á 23 fiel á mis juramentos peleé por la libertad, uní mi suerte á la de mis generosos defensores, y la heróica Milicia Nacional de Madrid me vió á su lado el 7 de julio de 1822. En los diez años de ominosa tiranía rehusé someterme á una degradante purificacion, y ufano de haber derramado mi sangre por la patria conservé pura, erguida mi frente en presencia de sus viles opresores. Cuando el sol de la libertad lució de nuevo difundiendo por todas partes la esperanza y la vida, volé á los combates, espuse con entusiasmo y con fruto mi existencia, y nunca puse, ni intenté poner en la balanza política la espada que me entregó la patria para esterminar á sus enemigos.

No ha sido en verdad esta la conducta del conde. Esclavo de sus pasiones no ha reparado en la eleccion de medios para satisfacerla, vanamente invoca sus servicios y la gloria adquirida en cien combates sostenidos en uno y otro continente. Alli, contribuyó con los culpables amigos que hoy le sostienen, á la pérdida de vastos é importantes dominios, y á la desmembracion de la opulenta monarquía española. Aqui, se apresuró á ofrecer su espada al despotismo; y como gefe de un cuerpo de línea persiguió rudamente á todos los oficiales que habian pertenecido al antiguo ejército constitucional.

Su venturosa estrella le colocó en esta época al frente de los mismos que antes habian sido objeto de su animadversion, y la patria ha derramado sobre él á manos llenas las recompensas por triunfos debidos á los esfuerzos de sus subordinados; pero estos esfuerzos y las esperanzas de los españoles las defraudó siempre el general Espartero por su impericia, la que muchas veces mereció un ejemplar castigo, pues á ella deben sobre todo los enemigos la duracion de su existencia. Pudo aniquilar á Gomez en Asturias y le dejó rehacerse en Cangas de Onís para que recorriese despues la mayor parte de la península con gran descrédito de nuestro Gobierno. Pudo vencer al Pretendiente y destruir sus legiones cuando lo vió acercarse á las puertas de la capital; pero ó como general no supo hacerlo, ó como egoista y avido de mando, creyó que el atentado perpetrado por él un mes antes en Aravaca y con el cuál derribó un gabinete apoyado en una fuerte mayoría parlamentaria, le afianzaba suficientemente para con el partido político (llamado entonces jovellanista) que se rehacia á la sazon bajo el amparo del conde su confidente y protector.

Desde entonces su voto ha sido omnipotente. Los partidos le han solicitado; la Corona le ha atendido, y ni un solo decreto de importancia se ha dictado sin su consejo y participacion. A su voz ha caido otro ministerio apoyado en las mayorías de los cuerpos colegisladores, y se ha formado el que existe encargado solo de ejecutar servilmente su voluntad semi-soberana. ¿Cómo en presencia de este poder colosal, elevado sobre la depresion de todos los poderes legitimos del Estado, osaría conspirar partido alguno sin su consentimiento y beneplácito? ¿Cómo conseguiria embarazar á S. M. en el ejercicio de sus altas prerogativas constitucionales? Si el intentarlo sería en todos tiempos un crímen, desde que el cónde de Luchana se encargó del mando de los ejércitos reunidos fuera demencia inaudita solo concebirlo.

Y si se ha concebido é intentado tanto tiempo hace ¿cómo há permanecido silencioso, inactivo el conde de Luchana, permitiendo que tomase cuerpo un proyecto tan fácil de sofocar en su origen? ¿Ha querido que se robusteciese para hacer vana ostentacion de su inmenso poderío? En este caso que declare á la faz de la nacion conmovida si los conspiradores persisten en sus ma-

quiabélicas tramas ó si la voz sola del conde y mi salida de España ha bastado para desconcertarlos; que provoque un juicio solemne en el cual justifique sus delaciones, y sea posible la defensa de sus delatados; que se reduzca en fin á la clase à que yo espontáneamente me reduje deponiendo el mando y el poder, que en mucho mayor escala ejerce en daño de la libertad y de la seguridad de la patria.

Mientras tanto, no conseguirá persuadir á la nacion de que conoce la raiz del partido que denuncia, y si la conoce no la penetrará de que desea arrancarla como nociva; mucho menos, y esto lo aseguro, dará prueba ninguna de mi menor adhesion hácia ese partido: ni de que otro, mas que el mismo conde, tiene en opresion á la Augusta Gobernadora del reino. La nacion al contrario se convencerá de que el grito de rencor y de alarma que lanzó por la formacion del ejército de reserva, fué el grito de la desesperacion, arrancado por el temor infundado de ver desplomarse el edificio de su insultante y opresiva dominacion.

El primer pensamiento de organizar un ejército de reserva, y el decreto en que se consignó, fueron del Sr. general D. Evaristo S. Miguel. Me hallaba en Sevilla de transito para Gra-

nada, adonde me dirigia en uso de real licencia con
el objeto de restablecer mi salud, cuando en agosto
de 1837 recibí la órden de pasar con premura á
las del conde de Luchana. A pesar de estár postrado en cama no titubeé en ponerme al siguiente
dia en marcha para la Córte, á cuyas inmediaciones se habian acercado las fuerzas del rebelde D.
Cárlos, y el general Espartero en su persecucion.

Deseaba combatir con aquellas y sacrificarme
en defensa de mi patria y de mi Reina, y asi se
lo manifesté al Sr. San Miguel, ministro de la
Guerra entonces, rogándole que ofreciese en mi
nombre á la Augusta Gobernadora el homenage
de mi gratitud por la ocasion que me proporcio-
naba de realizarlo.

En Santa Cruz de Mudela leí el decreto es-
pedido para la formacion del cuerpo de reserva,
y esta fué la primera noticia que tuve de la alta
confianza con que se dignaba honrarme S. M.
Ansioso siempre de cumplir sus soberanos preceptos, mi primer cuidado al llegar á la corte
fue presentarme al Sr. Secretario del despacho de
la Guerra. S. E. me manifestó que habiéndome
confiado S. M. un cargo importante no debia pasar ya al lado del conde, y tuvo la bondad de pre-
guntarme familiarmente si estaba contento con
mi nuevo destino. Mi contestacion terminante fué:

"Soy militar y he salido de Sevilla para cumplir lo que S. M. me mande. Iré con el mismo gusto á las órdenes del general Espartero, que á la organizacion de la reserva, asi como iría á poner una bandera en el pico de Tenerife. El Gobierno mandará y yo obedeceré." El general San Miguel es diputado de la nacion, y yo apelo á su justificacion y rectitud para que diga si es exacta la relacion que acabo de hacer. Los documentos oficiales con que pudiera comprobarla no están en mi poder, pero existen en la Secretaría de la Guerra, y no me será dificil publicarlos si se dudase de mi veracidad.

A vista de todo esto ¿cómo intenta el conde persuadir á la nacion que la formacion del ejército de reserva fué obra de un partido enemigo de nuestras instituciones? ¿Cómo osa calumniarme atribuyéndome un deseo de independencia y de mando que desmiente mi conducta respetuosa y sumisa? La organizacion de la reserva era de una necesidad urgente, irresistible, y si los partidos, menos atentos á la satisfaccion de sus mezquinas pasiones que á la defensa de la patria, conspirasen siempre para impulsar al Gobierno á dictar medidas de esta naturaleza, otra fuera en verdad su situacion; mas próximo se veria el término de esta sangrienta guerra.

La Mancha gemía bajo la férrea y sacrílega dominacion de centenares de bandoleros. Sus buenos hijos habian sucumbido, ó estaban próximos á sucumbir sin defensa, y la bandera ensangrentada del fanatismo ondeaba casi á la vista del Gobierno supremo con afrenta y vilipendio de nuestra justa causa. El decreto para la formacion del cuerpo de réserva despertó la esperanza en los corazones abatidos de aquellos naturales, y mis incesantes esfuerzos la convirtieron muy pronto en una realidad. Cuatro meses, no un año como afirma el conde de Luchana, tardé en organizar 14,000 infantes y 1080 ginetes, y al cabo de otros cuatro los pueblos antes oprimidos, exhaustos, respiraban libres y me bendecian como á su salvador.

La obcecacion del conde se ostina en desconocer la importancia de estos servicios, pero ¿cómo pudiera disminuirlo su envidia y su animosidad? El pronto y rápido aumento de nuestros ejércitos era indispensable, y mis afanes, y el desprendimiento con que los pueblos del medio dia se prestaron á cuantos sacrificios les exijí, han proporcionado un número de combatientes, sin el cuál hubiera sido imposible reforzar tan abundantemente el ejército del centro. La rebelion que se ostentaba en la Mancha era un padron de infamia para el Gobierno, y le privaba de considerables ingresos, entorpeciendo las comunicaciones con las provincias mas feraces de la monarquía, y la rebelion sucumbió, y las comunicaciones quedaron espeditas, y el Gobierno pudo contar con ingresos de que estaba privado, y atender á la pacificacion de otros puntos.

Si la funesta influencia del conde de Luchana no hubiera hecho separar al cuerpo de reserva del teatro de sus primeras glorias, si le hubiese permitido continuar la pacificacion de las provincias de Avila y Toledo, la enseña afrentosa del carlismo no ondearía de nuevo en la Mancha, el suelo de estas provincias no se habria visto recientemente teñido en sangre leal, y el Gobierno desembarazado de los enemigos que en él le inquietan, podria dedicar esclusivamente su atencion á la guerra que arde tan viva en el Norte, en el bajo Aragon, y en Valencia. ¡Plegue al cielo que no lloremos algun dia la criminal condescendencia que ha privado á la patria del logro completo de tan inapreciables ventajas!

Yo me ofrecí á realizarlas en el limitado término de un mes, cuando tuve la honra de representar á S. M. que se suspendiese la ejecucion de la Real órden de 27 de agosto último, y los resultados prontos, decisivos, del vigor, de la actividad y de la inflexible justicia que había desplegado en la asolada Mancha, eran una prenda segura del cumplimiento de mi solemne promesa. S. M. en su alta sabiduría y benevolencia tubo á bien aceptarla, y ansioso de corresponder dignamente á este nuevo testimonio de confianza había dado ya principio á mis trabajos, cuando el revés sufrido por el general Alaix precisó al Gobierno á dictar nueva órden para que pasase á Castilla con las dos terceras partes de la reserva. Grave sin duda era el motivo de que nacía esta determinacion; pero habíale hecho aparecer mas alarmante el parte aflictivo del conde de Luchana, escrito acaso con el fin de apartar al cuerpo de reserva de sus nuevas é importantes operaciones.

Mi deber como militar era obedecer, y obedecí; pero no se ocultarón á mi escasa penetracion ni los males, ni la tendencia de tan desacordada medida. Aceleré mi marcha á Madrid mas que lo permitía el estado de mis tropas, y á mi llegada tuve la satisfaccion de saber que ningun nuevo suceso militar hacia urgente el cumplimiento de aquella.

Entonces me atreví á solicitar de S. M. que se dignase revistar el ejército de reserva, y que le dispensase la honra de desfilar delante de Palacio, y de recibir otro dia á las augustas personas

en formacion de parada. La Augusta Gobernadora del reino siempre bondadosa con los defensores del trono de su excelsa Hija y de la libertad
nacional, no solamente accedió benigna á mi solicitud, sino que designó los dias, las horas en
que habian de verificarse estos actos, y dió cuantas disposiciones creyó necesarias al efecto. Ninguna intervencion tuve en ellas, pero mi corazon esperaba con ansia los momentos en que el
cuerpo de reserva habia de recibir la mas dulce
recompensa por sus recientes servicios, y el esti-
mulo mas poderoso para continuarlos con nuevo
ardor y entusiasmo.

Llegaron en fin, y su memoria será siempre
el contento y la gloria de mi vida. ¿Cuan inespe-
rada y grata fué la sorpresa del pueblo madrileño al contemplar el brillante estado de equipo,
instruccion y disciplina de mis jóvenes soldados?
¿Cuántos pechos no se abrieron á la consoladora
esperanza de ver mejorada la situacion de nuestra
aflijida patria, luego que unido su esfuerzo al de
sus hermanos pudiesen descargar golpes de muerte sobre las lejiones desmoralizadas del Pretendiente? Fuí entonces objeto de universal admi-
racion y aplauso, y los pueblos viendo en m
obra una demostracion práctica de los inmensos
recursos que poseen para sacudir el peso insopor-

table de la guerra y de que solo son necesarios celo, vigor y patriotismo para utilizarlos, acusaron en silencio la ineptitud ó perfidia de sus directores.

¿Pude yo desconocer entonces que todos estos hechos acrecentarían el odio y la envidia que muy anteriormente me habia manifestado el conde de Luchana? El que no sufre competidor en el mundo, que siempre se ha mostrado codicioso de dominacion ¿habia de perdonarme que sirviese á mi patria con desinterés y con gloria, y que me atrajese el afecto de mis conciudadanos? Si el grado de Mariscal de Campo que debí á la soberana munificencia en premio de mi sangre derramada, y de mis servicios, habia causado tanta estrañeza y pesar al conde, ¿qué dolor no debia causarle, verme al frente de un cuerpo numeroso, favorecido de la victoria, y acariciado por la opinion pública, por esa opinion que es la mas dulce recompensa de los grandes hechos, y que él tan incesantemente se enágena con su conducta?

Los peligros de esta funesta rivalidad no podian ocultarse á mi prevision, y se aumentaba con el nombramiento de Alaix para el ministerio de la Guerra. Mi valor me mandaba arrostrarlos, pero mi patriotismo me aconsejaba librar á mi patria de los conflictos á qué podría esponerla por no huirlos. El partido no era dudoso para un militar ciudadano y á los dos días de mi llegada á Madrid, rogué á S. M. me relevase del mando que ejercía, renovando no obstante mi solemne promesa de pacificar en un mes las provincias de Toledo y Avila con las fuerzas que designé.

La Augusta Gobernadora no tuvo á bien resolver la admision de mi renuncia, y me manifestó su soberana voluntad de que permaneciese en Madrid hasta la reunion de las Córtes. En vano reiteré mi dimision, é hice presente la urgente necesidad de poner en movimiento las fuerzas de la reserva. Consideraciones que desconozco y que los señores Ministros de aquella época podrán esplicar, y deben hacerlo por ser suya toda la responsabilidad, hicieron que se mantuviese, bien á pesar mio, en la inaccion el cuerpo de reserva. Si hubo alguna culpa toda fué del Gabinete con el que no era posible tuviese yo influencia, supuesto que el mismo dia que llegué á Madrid admitió en su seno, y como ministro de la guerra al general Alaix, ¿ y cómo pudiera yo tener valimiento con un Gabinete que me entrega inocente á que me sumarie mi enemigo, faltando al obrar de esta manera á lo terminantemente dispuesto por la Constitucion?

El conde en su injusto empeño de hallar razones con que persuadir la existencia de un partido y de un plan funesto á las instituciones liberales, pretende hacerme responsable de ellas.
Pero ¿cómo puedo serlo de las disposiciones del
gobierno supremo? Las aconsejé por ventura?
no representé con ahinco si bien respetuosamen-
te, los males que habian de producir, y la im-
periosa necesidad de evitarlos? Las órdenes para que el cuerpo de reserva permaneciese en Madrid, emanaron de S. M.; y el conde de Luchana que tanto blasona de obediente, de imparcial
y desprendido, no debiera llevar su temeraria obcecacion hasta el punto de increpar á S. M. por
haberlas dictado, como la acusa por las demas
bondades que se ha dignado ejercer conmigo. Pero tal es el efecto lastimoso de las pasiones cuando no las enfrena la razon y la virtud!...

No fué en verdad tan celoso del decoro del
gobierno y de los intereses públicos cuando hizo
que se elevase al general Alaix al puesto que
ocupa, y cuando le *consultó* para el empleo de
teniente general. Yo habia tenido la dicha de
vencer pocos meses hacía á los enemigos de mi
patria y de mi reina, cuando S. M. se dignó as-
cenderme al grado de mariscal de campo: el
general Alaix mandando á soldados invictos aca-

baba de sufrir una derrota vergonzosa, porque fue solamente hija de su impericia. Yo habia obedecido siempre con la mayor sumision las órdenes del supremo gobierno, y el general Alaix las habia despreciado repetidas veces. Yo en fin habia conservado inalterable la disciplina de mis tropas, y el general Alaix habia promovido la funesta insurreccion de Cabra que me privó de la gloria inapreciable de esterminar á Gomez y á su desordenada faccion.

Pero volviendo á mi propósito diré que la permanencia en Madrid del ejército de reserva no tuvo por objeto *fascinar con esterioridades á fin de precipitar la adopcion del descabellado proyecto que habia de abandonar á los pueblos de Castilla.* He dado mas pruebas que el conde de Luchana, de que deseo encontrarme *alli* donde hay enemigos que *combatir, donde se gana positivamente la* opinion, donde se adquieren *con justicia los premios.* Mis repetidas instancias para que se destinase una brigada á Castilla, y se aceptase mi oferta de pacificar las provincias de Avila y Toledo con las otras dos en el preciso término de un mes, desmienten altamente al conde de Luchana. El aumento del cuerpo de reserva me era personalmente insignificante, porque habia re-

nunciado á la gloria de mandarle , pero el bien de
mi patria le reclamaba urgentemente.

Tuve la satisfaccion de indicarsele en su propia casa al señor marques de Vallgornera ministro de la Gobernacion, en conversacion privada, y habiéndole parecido convincentes las razones
en que apoyé mi opinion , me pidió que las estendiese en una memoria particular y que la en-
tregase á S. M. Cumplílo asi y habiendo acogi-
do la Augusta Gobernadora con su natural be-
nignidad mi corto trabajo , me atreví á rogarla
que le sometiese al examen de generales acredi-
tados y espertos. Léjos estuve yo de tomarme al
libertad de designarlos, pero la eleccion de S. M.
fue tan acertada que colmó mis deseos y debió
tranquilizar á la nacion, respecto al acierto.

Sin embargo el conde se atreve á sentar
que se consultó á generales *sin los precedentes
necesarios y sin conocimientos de esta guerra;* como
si sus precedentes y conocimientos fuesen supe-
riores á los de un Zarco del Valle , de un conde de Cuba, de un Ezpeleta, de un Soria , de
un Montes , y de un Larre, de este general que
apenas restañada la sangre de una herida glorio-
sa recibida en la derrota de Négri, firmó el decreto que elevó al conde al primer grado de la

milicia en premio de un triunfo usurpado á su bizarría, y á la constancia militar y la pericia del esforzado general Iriarte.

Su desmesurado orgullo y el hábito de dominacion que ha adquirido, le arrastran á designarse á sí mismo por el primero á quien debió consultarse, como si nada valiese el voto unánime de generales de tan bien adquirida y asentada reputacion, como si la Augusta Gobernadora nada hubiese de resolver sin su anuencia y participacion, como si la necesidad del aumento del ejército de reserva fuese problemática, como si esta medida fuese mala únicamente por no haberla tomado con su prévia aprobacion.

Para todos los militares entendidos, lejos de un problema es un axioma la necesidad de un fuerte ejército de reserva en el centro de la península; la razon primera es porque las facciones infestan su circunferencia: la segunda razon es por la situacion topográfica de la capital del reino. El conde de Luchana, ¿no comprende en justificacion de mi aserto que esa parodia de fortificacion que circunda á Madrid, que esas inmensas tapias aspilleradas y sin resistencia, para las que no basta guarnicion, y en las que tanto dinero y brazos se emplearon, no son otra cosa que un parto del miedo, por el aislamiento de la corte con

el ejército? ¿ No alcanza el conde que un pro-
yectil enemigo estrellado en los muros del Alcazar Real es en toda Europa un sello de ignominia para los sostenedores de la causa constitucional? El ilustre conde ó mira con desden la corte
de España, ó desdeñó los estudios en su adole-
cencia militar; ¿ignora por último el conde que
la fortificacion es para la defensa, que la necesidad
de la defensa supone la posibilidad del ataque?
Y ademas la opinion emitida por él mismo al gobierno de que debia acelerarse la fortificacion de
Madrid ¿ no es una confesion paladina de que
S. E. no se consideraba suficiente con su ejército
de operaciones para precaver la corte de ser em-
bestida ?

La rápida formacion del cuerpo de reserva, el
brillante estado de equipo y disciplina que ostentó
en Madrid, y la pacificacion de la Mancha en tan
breve plazo fenecida, son hechos que asombran la
débil inteligencia del conde, ó cuyo valor pretende rebajar con la mas insigne mala fé, para
demostrar la imposibilidad de su aumento de
40,000 hombres, que califica de *monstruoso y
gigantesco.*

Sin embargo es público que en 19 de diciembre de 1837 salí de Madrid para organizar la reserva; que el 18 de febrero de 1838 llegaron á

Andalucia los dos primeros cuadros que debian servir de base; que el 12 de marzo lo verificó el último, y que el 3 de mayo 14,000 infantes y 800 ginetes entrando en la Mancha restituyeron la confianza á sus oprimidos habitantes, difundieron el terror y el espanto entre las hordas infames que la infestaban, y tomaron á su cargo su esterminio.

Cortísimo fue el tiempo empleado en esta importante obra de pacificacion; péro yo, yo puedo afirmar sin temor de ser desmentido, que ni el número de mis tropas, ni la actividad y celo de sus gefes, ni su disciplina y ardor habrian bastado para completarla, si hubiese desatendido otros medios que el conde de Luchana es incapaz de apreciar. En las contiendas civiles, impulsadas y sostenidas por la ambicion y el fanatismo, cuando las pasiones están enconadas, cuando su encono ha pervertido las ideas introduciendo el desconcierto y la inmoralidad, el gefe militar que para volver la paz á su desventurado pais apele solamente á medios militares, recojerá los frutos que el conde de Luchana ofrece á sus engañados compatriotas.

Reunir las voluntades de los amantes de una misma causa para combatir la rebelion, demostrarles que su único interés consiste en acabarla.

perseguirla en las ciudades y villas donde gene,
ralmente se abrigan los que la embravecen, descargar sobre las cabezas de sus promovedores la
espada de la ley con rápido, inflexible y justinie-
ro rigor, infundir confianza de rectitud y pureza
á los pueblos, y darles el ejemplo de sumision y
respeto al gobierno dejando espedita su accion,
esa es la mision pacificadora de un general; ese
el modo de arrancar de raiz hasta la última se-
milla de insurreccion sin derramar inútilmente
sangre preciosa, pues que es de nuestros hermanos, y de los hijos alucinados de nuestra madre
España. Tal fue mi comportamiento militar y político en la Mancha. Sus infelices habitantes me
bendijeron, y los Diputados celosos encargados
de promover sus intereses en el seno de la representacion nacional, me felicitaron á la faz de la
nacion, por los resultados que obtuve, resultados
que habrian sido mas importantes y completas si
el conde no hubiera interpuesto su maléfica influencia, para detenerme al principio de mi carrera.

Pero ya que afirma que hubiera sido escan-
daloso que con 14,000 hombres no hubiese queda-
do libre una provincia infestada por *Palillos, Ore-*
jita y comparsa, que declare lealmente con qué
fuerzas ha conseguido las victorias que le han alo-

vade al alto puesto que ocupa, que diga por qué
siendo tan considerables las que tiene á su disposicion, ha permanecido tanto tiempo en la ociosi-
dad devorando los tenues recursos de nuestro mo-
ribundo erario, que manifieste en fin por qué
no se ha desprendido oportunamente, y cuando
S. M. se lo mandó terminantemente, de algunos
batallones, para reforzar el ejército del centro, y
evitar el fatal y vergonzoso engrandecimiento de
Cabrera, y los inmensos males que ha causado, y
causará tal vez en lo sucesivo. ¿Será que el que se
honra con el título de guerrero de uno y otro continente, prefiriendo la satisfaccion de sus torpes
pasiones al bien de la patria, y á la gloria de su
generoso y bizarro ejército, ha cambiado la espada de general, por la pluma de libelista?...

La subsistencia del ejército de reserva, y su
brillante equipo, no fueron obra de la parcialidad
del Gobierno. Jamás hubiera *solicitado* ni aceptado la *esclusiva* que indica el conde, y antes hubiera renunciado á la gloria de mi comenzada em-
presa, si para ello hubiese sido necesario privar á
mis hermanos del ejército del Norte, de los auxi-
lios á que son tan acreedores.

El cuerpo de reserva constaba de 14,000 infantes, y 1,080 ginetes, de los cuales cuatro es-
cuadrones pertenecientes á la Guardia Real. El

presupuesto de esta fuerza segun el reglamento, comprendiendo el cuerpo administrativo , el sanitario, y el estado mayor general ascendia próximamente á 1.285,834 rs. El soldado recibió siempre su racion de pan, arroz y tocino, con que disponia su rancho, y ademas tres cuartos en mano, como previene la ordenanza, y los sargentos, oficiales del ejército y el estado mayor general, percibieron su paga, sin mas racion que la de pienso. Este sistema de órden y de economia rigorosa, proporcionó la importante ventaja de cubrir con seiscientos mil reales, atenciones que habrian exijido mas considerable suma, imitando el desórden y despilfarro del conde , capaz de devorar por sí solo, todos los tesoros de esta monarquía, en los tiempos de su mayor prosperidad y grandeza. Imposible era dar al soldado la racion y los doce cuartos que le corresponden; pero todos mis subordinados se penetraron de la necesidad de acomodarse á la apurada situacion de la patria, y de ofrecer en sus aras los sacrificios que urgentemente reclamaba, y que cada dia necesita mas, para vencer á sus enemigos, é imitaron el noble ejemplo que les dieron en el verano de 1836 sus compañeros del ejército del Norte, que entonces tampoco recibian sino la racion y tres cuartos.

No hubo pues la preferencia que calumniosamente supone el conde; ó si la hubo, ningun conocimiento tuve de ella. Respondan á este cargo los consejeros de la Corona, á quienes tan rencorosamente acusa el conde, y convénzase de que para sostener un ejército en el pié en que puse el de reserva, no se necesita reproducir *el milagro del pan y los peces*, que tan ridículamente cita, sino establecer un órden y un arreglo que desconoce lastimosamente. Cumpliendo con este deber, se verá que los recursos que el Gobierno ha suministrado al general del ejército del Norte, han debido bastar para cubrir sus atenciones en la forma espresada, y que él y solo él es culpable de cuantas escaceses ha sufrido hasta el dia.

Y si niega este aserto, si repite la acusacion, que violando todas las leyes políticas y militares formuló contra un gabinete que ya no existe, sométase al exámen de la nacion, un estado completo y exacto de las cantidades y efectos que ha recibido S. E. desde que está al frente de aquel brillante ejército y de los objetos en qué se han invertido, y la nacion sabrá al fin qué uso se hace de los inmensos sacrificios que se la exijen.

Al esplicarme asi no solo defiendo los intereses vitales de mi desolada patria, sino tambien los del ejército que el conde tiene la envidiable gloria de mandar. En su ceguedad ha pretendido introducir la rivalidad entre sus soldados, y los del ejército de reserva, formando corporaciones que yo rechazo, y que considero altamente funestas al triunfo de la libertad y del trono.

Los soldados del ejército de reserva visten el uniforme español, pelean bajo las gloriosas enseñas de la patria, y defienden la misma santa causa que los del ejército del Norte. ¿Cómo pudiera yo pretender para ellos una *esclusiva* que cediese en daño de la inmortal reputacion que han sabido formarse estos á costa de incesantes fatigas y privaciones? Son mis compañeros, mis hermanos, desde el principio de esta lucha, he combatido en sus filas con entusiasmo y gloria. He derramado mi sangre en el suelo navarro, por aumentar sus laureles. Me envanezco de vestir el uniforme de la Princesa que tantas glorias me recuerda, que tan gratos afectos despierta en mi corazon. Podria referir uno á uno los hechos heróicos del regimiento del Infante, los prodigios de la Guardia real de infantería, de la cuál soy hijo, y á la que admiro y amo con idolatria, y nadie, nadie como yo es capaz de apreciar el valor, la disciplina, el sufrimiento, la lealtad, y las demas virtudes que en tan alto grado distinguen al generoso ejército del Norte.

Si el conde de Luchana hubiera sabido sacar

de ellas el inmenso fruto que debia, si hubiera
conducido á sus bizarrísimos soldados de uno en
otro combate como apetecen siempre, la rebelion
no alzaria tan erguida su abominable frente, la
patria veria próximo el suspirado instante de paz,
y nuestro ejército seria hoy el asombro del universo.
El solo, él por ocuparse de los negocios políticos
en cuya direcion jamas interviene un general
en gefe sin gran peligro de la libertad de su pais,
mantiene el valiente ejército del Norte en deplorable inaccion, y le priva de volar de victoria en
victoria,

Esta causa y sus desacertadas operaciones,
han producido el engrandecimiento de la faccion,
y las pérdidas lamentables que tanto han empeo-
rado el aspecto de la guerra. En agosto de 1836
se encargó el conde del mando del ejército, y entonces dominaba este casi toda la Navarra,
gran parte del pais Vascongado, las fronteras
francesas de toda la cordillera de los Pirineos.
Hoy, rotas nuestras líneas, destruidas nuestras
bases de operaciones, perdidos mas de veinte
puntos fuertes, estacionado nuestro brillante ejército á la derecha del Ebro, consumiendose sus
fuerzas y los recursos nacionales en la inaccion,
ó pereciendo centenares de valientes en operaciones torpemente concebidas y ejecutadas, no

parece sino que el conde se reconoce incapaz de tomar la iniciativa sobre los rebeldes, y que solo aguarda á que se derramen otra vez por la monarquia para correr tras ellos siguiendo el itinerario trazado por las marchas del enemigo, ó aguarda á que un convenio secreto con Marato ó un protocolo den resultados que la patria debia esperar mas completos de la espada vencedora de sus valientes soldados.

En la época mencionada una corta columna podia cruzar sin obstáculo alguno desde el nacimiento del Ebro hasta los confines de España por Aragon y Navara, y actualmente apenas podrán hacerlo divisiones numerosas. Los ejércitos del Pretendiente se han aumentado, se ha ensanchado el teatro de la guerra, se ha embravecido la rebelion, poseen los facciosos puntos fuertes de suma importancia, hemos perdido divisiones enteras, se han frustrado empresas de alto interés, ¿y á pesar de este doloroso espectáculo preparado por la ineptitud del conde, y que ningun liberal puede contemplar sin indignacion, todavia pretende presentar á la nacion como un plan funesto el aumentar hasta 40,000 hombres el ejercito de reserva? Si lo que el cielo no permita, (y no permitirá porque nuestros bravos suplirán las faltas de su gefe) sufriese el ejército algun descalabro, si se generalizase la insurreccion ¿con qué se repondria nuestra pérdida para recobrar la superioridad sobre el enemigo? ¿Cómo se le detendria en su destructora y ominosa carrera? ¿Cómo se refrenarian las tentativas de los numerosos sectarios de la tirania que esperan ansiosos un momento favorable para soplar en las aldeas, en las ciudades y villas el voraz incendio de la guerra civil?

No, el conde de Luchana à pesar de su obcecacion no ha podido desconocer la posibilidad, la necesidad y urgencia de aumentar el ejército de reserva. Su resistencia se ha dirijido al gefe encargado de organizarle, y no osando confesar descubiertamente tan humillante envidia, tan antipatriótica rivalidad, ha combatido la ejecucion del único pensamiento capaz de proporcionar á la oprimida España el goce tranquilo de la libertad que tan inmensos sacrificios la cuesta.

Algunas disposiciones del decreto de 27 de octubre último han sido objeto de las severas y apasionadas observaciones del conde, que no ha dudado asegurar que llevando á efecto la organizacion del ejército de reserva, los de operaciones se desquiciarian y desmoralizarian privados de todos los recursos que absorbiese aquel.

Las razones con qué ha pretendido probar estos asertos son verdaderamente injurias dirijidas al virtuoso y esclarecido ejército, cuya defensa afecta tomar con tanto calor en otros lugares de su esposicion. Porque ¿de donde infiere que no podrian reemplazarse dignamente los oficiales que se destinasen á la reserva dispenpensandose las promociones por el órden establecido? Los ejércitos de operaciones poseen un plantel numeroso y escogido de gefes y oficiales, y apenas se advertiría el paso de algunos á un cuerpo diferente. No todos los que formasen los cuadros de este saldrian de los ejércitos de operaciones. Muchos beneméritos oficiales condenados al olvido por la parcialidad y el capricho, servirían para tan interesante objeto, y de este modo aun siendo fundado el recelo del conde, se disminuiria considerablemente el mal, y los ejércitos de operaciones conservarian todos los elementos necesarios para contar segura la victoria.

La desmoralizacion no se introduciria tan fácilmente como supone el conde, porque no tienen las virtudes tan débiles raices en los corazones de nuestros valientes. Ellos preferirian siempre á una vergonzosa inaccion, mantenerse al frente del enemigo, donde si hay que arrostrar peligros y que soportar dolorosas privaciones, tambien se adquiere gloria y se obtienen las merecidas recompensas. Pero si el Gobierno de S. M. les destinase al ejército de reserva, si deseasen pasar á él movidos de consideraciones personales, no por eso debería atribuirse á sentimientos indignos de militares patriotas; no por eso podria suponerse que alcanzarían ascensos y pagas sin correr tanto riesgo, sin hacer tantos sacrificios como en los ejércitos de operaciones. El de reserva no habia de permanecer enteramente en las deliciosas campiñas de la Bética. El honor de su gefe, la reputacion de sus soldados se interesarian en prestar á la patria servicios importantes y el aspecto de la guerra, que no mejorará la sabiduria del conde de Luchana, reclamaría pronto su presencia en las desgraciadas provincias devoradas por la guerra civil.

Y ¿ de donde infiere que absorbería todos los recursos nacionales un cuerpo tan poco numeroso? Jamas he reclamado ni hubiera consentido la menor preferencia en favor de mis soldados, como he manifestado en otro lugar de esta memoria. Pero si la hubiese pretendido, es probable que el Gobierno la hubiera rechazado con la entereza correspondiente y mas contando con el apoyo del conde de Luchana. ¿ Qué influencia hubiera

podido ejercer yo con un cuerpo de ejército ví-
soño, opuesto á otro tan considerable y aguerrido, aunque hubiera sido capaz de promover
por una insensata ambicion una lucha criminal
é impía?.... Tan débil se considera el conde?...
Ah! Si lo es para vencer á nuestros enemigos,
si estos oprimen y desvastan nuestro fértil suelo, la España, la Europa, el mundo saben que
no previene del escaso influjo que ejerce en las
resoluciones de un Gobierno que debe conside-
rarse como el humilde instrumento de su impe-
riosa voluntad.

Los recursos del Estado no son tan escasos
que pudiera consumirlos todos el ejército de
reserva por grande preferencia que se le diese.
Si á tal estremo hubiese llegado el Erario, no se
hubiera decretado una quinta de 40,000 hombres; se habria renunciado á la idea de aumentar los ejércitos de operaciones, y la campaña
próxima no sería mas que una repeticion de los
hechos y sucesos de las anteriores. La nacion
se prestará con su acostumbrada resignacion á
los nuevos sacrificios que se la exijen, y á ellos,
y al valor indomable de nuestro virtuoso ejército,
mas que á la direccion del conde, se deberá que
dé la inaccion lastimosa en que le mantiene tanto tiempo hace, no pase á la defensiva que con

razon anuncia que seria la señal de nuestro ven-
cimiento y de nuestra ignominia.

La provision de las vacantes de subtenientes
en Milicias Nacionales y jóvenes que llevasen
dos años de carrera, merece tambien la censura
del conde, porque supone que alterando el órden
establecido perjudicaria á los cadetes y sargentos
y abriria la puerta á la parcialidad y al favor.
Fácil es conocer cuan infundada es semejante
asercion, reflexionando que los individuos de las
espresadas clases no ascenderian á la inmediata
á no ocurrir numerosas vacantes, mientras que
la creacion del cuerpo de reserva les proporcio-
naria mas de doscientas plazas, para las cuales
indispensablemente serian preferidos á los estu-
diantes y nacionales.

La ventaja concedida á estos es una recompensa debida á su ardiente entusiasmo, á su patriotismo, y á sus servicios. Muchos jóvenes de la
Milicia Nacional han compartido gustosos las fatigas de nuestros valientes, han refrenado en las
ciudades la audacia de los conspiradores, y han
esterminado en el campo á los ciegos sectarios de
la tirania, y estos hechos les hacen merecedores
de la alta consideracion de S. M.

La juventud estudiosa ha proporcionado en
todos tiempos á los ejercitos, oficiales distingui-

dos, generales eminentes; y acaso la ilustracion y el liberalismo del nuestro, fechan desde que los alumnos de las universidades abandonando sus pacíficas tareas al grito de independencia y de libertad lanzado por la ultrajada patria, volaron á confundirse en las filas de los valientes y derramaron con ellos pródigamente su sangre en los campos de batalla. Los enemigos se han aprovechado de este recuerdo para organizar sus batallones, y los del ejército de reserva habrían dado muchísimos dias de gloria al pais si en ellos se hubiesen reunido el saber, la juventud y el patriotismo.

La gloria del general encargado de formarle se interesaba en ello, y esta sola consideracion escluia todo motivo de recelar que en la eleccion y ascenso de los oficiales influyese el funesto espirutu de parcialidad, ó de proselitismo de que tan frecuentes ejemplos ha dado el conde. Asi pues, las medidas que tanto escándalo y recelos le causaron, no llevaron otro objeto que el de la mejor y mas pronta y acertada organizacion de un ejército de reserva destinado á los importantes fines que dejo enunciados.

Estas consideraciones movieron al Gobierno de S. M. á estender el artícnlo 15 de la real órden, que tan dura y destemplada censura merece al conde. Si era yo digno de la confianza con que me honraba S. M., á la nacion tocaria decirlo. El conde ha tenido buen cuidado de evitar que con mi conducta leal, patriótica, sumisa siempre á los soberanos preceptos, acreditase que era incapaz de abusar del poder que se me entregaba convirtiéndole en daño de mi patria.

No, jamas he aspirado á ejercer esa dominacion funesta que tantos atractivos tiene para el conde. Jamas se me ha propuesto, ni consentiré ser instrumento de un partido contrario al trono y á las instituciones constitucionales. Mi conducta en todas las épocas de mi afanosa carrera me justifica de semejantes acusaciones. Si alguna vez he obtenido del Gobierno facultades para que mi dictamen prevaleciese en competencia con el de otros generales, he tenido la prudencia y la moderacion de rehusarlas abiertamente. Sin ellas obtuve una victoria señalada, y bien se sabe cuantas amarguras me trajo este comportamiento desinteresado y patriótico. Si fuí destinado á las órdenes del conde, cumplí sin la menor dilacion las de S. M. poniendome en marcha para mi destino á pesar del mal estado de mi salud. Si merecí la honra de ser nombrado para organizar el ejército de reserva, ni la solicité, ni la debí á ese partido que denuncia el conde, y con el cual ni me unen vínculos algunos, ni en mí encontró jamas un instrumento propio para sus fines. Mis conciudadanos han juzgado ya la conducta que observé para cumplir el cargo que tomé sobre mi responsabilidad, y los que han tenido ocasion de juzgarla de cerca dirán si me dirijió otro móvil, otro afecto que el bien de mi pais. Si no le he prestado mayores servicios, si no he pacificado las Provincias de Toledo y Avila, si Aragon se vé aun dominado por Cabrera cúlpese á la mezquina rivalidad del conde. Yo sometí la Mancha, reanimé el abatido espiritu de sus moradores leales, descubrí tramas inicuas, y enseñé que solo un rigor inflexible, pero no apasionado, es capaz de arrancar las hondas raices de la supersticion y del carlismo. Ocho mil soldados de infanteria, y mil ochenta ginetes han reforzado los ejércitos de operaciones, y tal vez á esto se deba que el del centro haya salido de la triste situacion á que le redujeron las dolorosas pérdidas que sufrió en el verano último.

Manifestadas ya las razones militares y políticas que sirven de contestacion al contenido de la primera representacion del conde de Luchana dirigida á inpugnar la formacion del ejército de reserva, debo hacerme cargo de otro nuevo ataque, que á la verdad y á mi reputacion hizo S. E. en su segunda representacion.

REFUTACION DE LA ESPOSICION DEL CONDE DE LUCHANA A S. M., FECHA EN LOGROÑO A 6 DE DICIEMBRE DE 1838.

Para mí y para cuantos se hallaban en situacion de conocer el verdadero estado de los negocios públicos en octubre último, no era desconocida la enemistad que animaba al general en gefe del ejército del Norte, no solo contra mi humilde persona, sino tambien la prevencion con que miraba los servicios que tanto yo como los que obraban á mis órdenes, podiamos prestar en beneficio de la patria.

La influencia ejercida contra la organizacion del ejército de reserva, era ya evidente aun antes que saliesen las tropas de Andalucía para la Mancha.

Apenas hube entrado en esta provincia y empezado á ocuparme de su pacificacion, apenas la opinion de los liberales del país, y la prensa periódica, hubieron manifestado su aprobacion y su simpatía hácia el sistema de rigorosa justicia y de útil energía que desplegué, desde que puse el pié en aquel territorio manchego; tu-

ve repetidas ocasiones de conocer que el gobierno se veia ostigado para desmembrar el ejército
y hacerme evacuar aquellas provincias antes de
tiempo. El plazo que yo habia asignado para
concluir la obra encomendada á mi patriotismo y lealtad, era muy breve. Tres meses habian
bastado para limpiar la Mancha de facciosos ar-
mados y de conspiradores ocultos; al mismo tiempo habia sido creada una numerosa Milicia Nacional de ambas armas. Mi plan era que esta,
puesta bajo el pie en que habia logrado estable-
cerla y empleada del modo que lo tenia dispuesto, bastase ausiliada con una corta fuerza del
ejército para sofocar para siempre la reaparicion
de facciones hijas del pais, y afianzar la seguridad, la obediencia y el reposo en el centro de la
monarquía.

Pero esto exijía que se me dejase concluir la
obra comenzada bajo los mas felices auspicios
que no se me cercenase el corto plazo que para
consumarla habia pedido.

Ansioso de acelerarla y para que las tropas de
mi mando pudiesen brevemente acudir á donde
lo exijiese el servicio público y determinase el
Gobierno de S. M., me disponia á pasar á la provincia de Toledo en la que todavia no habian co-
menzado las operaciones, para que libre esta de

bandidos, y organizada su defensa utilizando como en la Mancha los medios del pais; se completase el sistema de pacificacion que ya llegaba á su término en el distrito confiado á mi mando.

Me encontraba en marcha para la provincia de Toledo, cuando recibí la real órden inserta en el apéndice á este manifiesto y señalada con el número 1.

Ví en ella un pretesto para arrancarme de la Mancha y arrebatarme la justa recompensa de mis trabajos, próximo á ser alcanzado con la pacificacion de aquellas provincias; servicio al que mis conciudadanos no podian haber denegado las señales de aprobacion y de aprecio al que he aspirado con preferencia durante toda mi carrera.

Como en mis principios militares entra sin restriccion alguna el de la obediencia, me dispuse á cumplir lo que me mandaba el Gobierno; pero representando contra la medida, demostrando sus perjudiciales consecuencias y ofreciendo mi dimision. (véase el apéndice, documento número 2.)

El Gobierno de S. M. tomó por el pronto en consideracion mis razones; y por un momento pude pensar que se me permitiria operar en Toledo, destruir las gavillas que la infestaban, y cortar de raiz el foco de conspiracion hace años organizado en la ciudad antigua corte de Castilla.

Esta ilusion duró pocos dias. En los primeros de setiembre se me comunicó nueva órden mandándome evacuar la Mancha y dirijirme á Castilla la Vieja, con las dos terceras partes de las fuerzas de que se componía la reserva.

Juzgué inútil representar contra esta medida, porque la consideraba emanada de una exijencia del general en gefe del ejército del Norte, que en ella se proponía :

1.º Desmembrar el ejército de reserva y privarnos á este y á mí del lauro que hubieramos conseguido con la completa pacificacion del centro de la monarquía, y de los nuevos triunfos á que reunidos podiamos haber aspirado en Aragon, en Castilla, donde quiera que se nos hubiera destinado.

2.º Reunir en Castilla á su inmediacion y bajo su influencia las tropas procedentes de la Mancha, para diseminarlas y absorberlas en sus divisiones.

El destino de capitan general de Castilla la Vieja para el que fuí nombrado preparaba este desenlace.

Aunque ningun acto mio, palabra ni escrito, hubiese manifestado hasta aquella fecha la menor desconfianza ni prevencion contra el Sr. Conde de Luchana, su enemiga me era conocida. Sabia que miraba mis servicios con repugnancia, que me atribuia intenciones que no tenia, que seguia mis pasos con sobresalto y ojeriza.

El conde tenía pruebas de que mi comportamiento hácia él era muy diverso, y de que deseaba cumplir con mi obligacion sin chocar ni con su determinacion ni con su persona.

Pero comprendí muy claramente desde aquella época que mi continuacion en el mando me esponia y conmigo al servicio público, á ser continuamente embarazado y comprometido, por la influencia contraria del hombre que reasumia en sí la primera autoridad militar.

Mi conducta desde entonces estuvo trazada. Reuní la parte del ejército que se me mandaba llevar á Castilla y la dirijí sobre la capital, por ser este el camino mas corto y para tener la satisfaccion de que S. M. y la heróica poblacion de Madrid, viesen la buena organizacion y disciplina del ejército, que en tan corto tiempo habia logrado formar.

A mi llegada á la corte, en mi primera entrevista con los Ministros, en el momento en que tuve la honra de besar la mano á S. M. la reina Gobernadora, manifesté mi resolucion firme, meditada, irrevocable, de hacer mi dimision; de dejar el mando del ejército; de entrar en la clase de simple particular.

Para obrar asi, ademas de la poderosa razon ya espuesta, me asistía la consideracion de los compromisos en que necesariamente me veria envuelto siendo el ministro nombrado de la Guerra, el general Alaix, á quien debia considerar como mi enemigo despues de los ruidosos acontecimientos de Cabra, que nadie ignora en la nacion.

Los señores ministros no quisieron admitir la dimision que con resistencia ofrecí el DIA 10 DE OCTUBRE, *segundo de mi llegada* á Madrid, despues de haber evacuado la Mancha, con las tropas que se me mandó sacar; pero firme yo en mi propósito de dejar el mando despues de revistadas las tropas, reservé mi solicitud para que mi dimision fuese admitida. Entonces los señores ministros exigieron que subiese á presencia de S. M. á fin de que espuestas las razones que yo alegaba para retirarme y las de conveniencia pública que en sentir de aquellos se oponia á mi solicitud, se resolviese sobre esta.

Acompañáronme los ministros á la real cámara, y manifestadas ante la augusta persona que se dignó oir mis sumisas razones, las poderosas

causas que imponian á mi patriotismo, á mi delicadeza y á mi lealtad el deber de retirarme del
servicio, se convino en que los motivos que me asis-
tían eran atendibles, que S. M. debería acceder
á mi deseo, pero imponiendo á mi obediencia la
condicion de continuar al frente de las tropas
hasta la reunion de las Cortes, pues que si yo me
separaba en aquel momento, opinaban los ministros alli reunidos, esto serviría de pretesto á agi-
taciones, pondria en peligro la seguridad de
S. M. y comprometería los respetos del trono.

Sometíme á la condicion impuesta, tanto por
dar á S. M. una nueva prueba de mi sumision,
cuanto porque en aquel momento obtuve de sus
reales labios la promesa de que reunidas que fuesen las Cortes se me admitiría mi dimision si in-
sistía en ella.

He sido prolijo en los pormenores relativos á
aquella primera dimision, porque su desnudo
relato me dispensa de ulterior prueba respecto á
una de las mas feas imputaciones que me hace el
CONDE de LUCHANA en su segunda representacion, la de haber dado mi dimision á consecuencia de lo ocurrido en la noche del 28 de octubre,
y por despecho, dice, de haber visto fallidos mis
proyectos en aquella ocasion.

•Permanecí pues en Madrid despues de lo resuelto en la audiencia que nos dió S. M. à mí y à los señores ministros, con el determinado objeto de dar lugar à la reunion de las Cortes y de hacer respetar en el entretanto la Constitucion y las leyes.

Difuso podria ser si me estendiera aqui á revelar á mis conciudadanos la série de intrigas, de tentativas, de proyectos, con que los partidos, y las ambiciones de toda clase y categoría, me circuyeron en los pocos dias que mediaron desde mi llegada à Madrid el 9 de octubre, hasta que estalló el movimiento del 28 del mismo mes.

Si yo fuera el hombre que calumniosamente ha querido representar á sus conciudadanos el conde de Luchana, en posicion estuve, sin necesidad de esfuerzo y sin compromiso, de ver satisfecha la mas desmesurada ambicion.

Todos los partidos tenian los ojos puestos en mí. El que se denominaba *moderado*, sabedor de mi amor á la disciplina y al órden público, veía en mí un apoyo para la restauracion del poder que las faltas por este partido cometidas estaban á pique de hacerle acabar de perder. Los hombres ardientes, los patriotas exaltados, miraban en mí con confianza el que combatió á su lado el 7 de julio de 1822, al militar cuya espada no sirvió jamas al despotismo, al que recibió el bautismo de las balas al lado de MINA, al irreconciliable adversario de los carlistas, al amigo y protector decidido de todo liberal donde quiera que he mandado. Mi conducta en la Mancha, habia dado la garantia, de que para castigar á los conspiradores y enemigos de la nacion, no necesitaba perseguir á exaltados. Los patriotas, ni recelaban ni han podido jamás recelar de mí.

En este estado y hallandose acantonada á la vista de la capital la brillante y numerosa division que conduje de la Mancha, no carecia ciertamente de medios ni de probabilidades para contribuir al triunfo del partido, cuyos planes me propusiera favorecer.

Mi ambicion se hubicra visto tanto mejor servida, cuanto no se exijía de mí que tomase la iniciativa en nada. Los partidos se lisongeaban de contar con los medios de producir un cambio de sistema, de hacer nombrar un ministerio á su gusto: y solo se exijía que yo no contrariase el plan; que dejase hacer.

Yo conocia la inhabilidad del ministerio de aquella época y el peligro que la libertad iba à correr, si se consolidaba el poder político que tan anti-constitucionalmente usurpaba cada dia mas y mas el general en gefe del ejército del Norte; pero mi conciencia, mi probidad, mi deber, se oponian à que desenvaínase mi espada, ni prestase mi brazo, ni aun en favor de aquello mismo que conocia podia redundar en bien del Estado.

La reina de España habia en aquellos dias confiado á mi lealtad el sostenimiento de la Constitucion jurada, el decoro y la dignidad de su trono, y yo no podia permitir que se hiciese violencia á su voluntad, ni que las bayonetas que yo mandaba sirviesen de andamio para asaltar el poder, el cual segun mis principios no toca conferirlo á los militares, sino á la corona libre y espontàneamente, ausiliada por las Córtes y consultando la opinion por sus ~~efectos~~ *organos* legales.

Ademas conocia yo que un triunfo de la opinion del movimiento que era la que mas simpatias podia mover en la nacion y presentar mas fuerza en apoyo de un nuevo sistema de accion y gobierno, en el mero hecho de efectuarse á presencia de las tropas que yo mandaba y con mi apoyo mas ó menos directo, iba á ser la señal de un rompimiento abierto con las fuerzas que mandaba y con el pais que dominaba el general Espartero, el cual teniendo ya mucho terreno andado para ver realizados sus planes, era mas que probable, que hubiese negado su obediencia al ministerio que se formára bajo una influencia contraria á la suya.

Asi que sabiendo yo que el general Espartero era mi enemigo, porque me consideraba como
un obstáculo à los planes de largo tiempo urdi-
dos contra la libertad de nuestra patria; rehusé
deliberadamente entrar con él en lucha, teniendo medios y posicion para haberlo hecho, pues
si él reunia bajo sus órdenes mas soldados y mas
aguerridos, yo poseia la capital, y por consiguiente podia hacerme dueño del Gobierno, siendo mas
que probable que no me hubiera faltado el apoyo de la Milicia Nacional y de todos los patriotas del Reino, que no hubieran desoido un grito
lanzado desde el alcazar de nuestros reyes, contra los traidores que meditaban la ruina de las
instituciones que tanta sangre nos han costado,
contra los autores de pactos y convenios con los
carlistas, que los que me conocen saben no admitiría yo jamas, ni consentiría si me hallase
constituido en dignidad y con poder para impe-
dirlo.

La idea de una nueva guerra civil si no en-
cendida, alimentada por mi, me causaba horror.
A mis compañeros de armas, á mis enemigos dejo el que decidan si sería la timidez ó el enco-
gimiento el sentimiento que en mí dictaba esta
resolucion.

Habiendo rehusado aprovecharme de la posicion en que estuve para ejercer una influencia decisiva en aquellos dias, todo mi plan se reducia á esperar el corto plazo fijado para que mi dimision fuese admitida y retirarme de la escena política, seguro de que el mejor cálculo de ambicion que podia formar era el de conservarme con mi reputacion ilesa, dejando gastarse contra las dificultades de los tiempos, la arrogancia y la incapidad del hombre que aspirando á hacerse el primero entre sus conciudadanos y no justificando su genio, ni sus servicios pretension tan estravagante, tanto mas pronto se descubria, cuanto menos obstáculos encontrase en su marcha y mas facilidad se le presentase para la realizacion de sus engreidos pensamientos.

De dos hechos notables ocurridos en aquellos dias debo hacerme cargo. El decreto para el aumento del ejército de reserva hasta 40,000 hombres, y la tentativa de poner à Madrid en estado de sitio.

Habiéndose determinado que continuase yo en el mando hasta la reunion de las Córtes, á consecuencia de lo resuelto á presencia de S. M., fui consultado por algunos miembros del gabinete acerca del estado de la guerra y de los medios que en mi opinion podrian adoptarse para el esterminio de las fuerzas enemigas del Ebro acá.

Manifesté en contestacion, lo que entendia acerca del estado de las facciones y los medios de concluir con ellas. Mi esperiencia de la presente guerra y el estudio que los deberes de mi profesion me han puesto en el caso de hacer sobre su índole y circunstancias, han formado hace tiempo mi opinion y convencídome de la bondad y eficacia del sistema que para conducirla á términos de una solucion militar, debe emplearse.

Estoy convencido que ínterin se siga haciendo la guerra aisladamente en las diferentes provincias del reino, sin plan calculado y sin medios suficientes para pacificar una despues de otras las provincias del Centro y del Este, la lucha se prolongará indefinidamente y que de su prolongacion nacerá la progresiva ventaja y el final ascendiente de nuestros contrarios.

La solucion militar debe buscarse en último término en las provincias del Norte: pero para operar con ventaja y superioridad contra las fuerzas enemigas encastilladas en las asperezas de Navarra y pais vascongado, es preciso reducir la rebelion á aquel estrecho círculo, destruir las facciones en las provincias del Este, pacificarlas completamente y colocar nuestros ejércitos en la línea del Ebro, teniendo á nuestra espalda provincias enteramente pacificadas , un pais amigo, y en la capital de la monarquía un Gobierno estable y respetado. Para conseguir un resultado de esta magnitud , es indispensable que el Gobierno constitucional cuente con una fuerza del ejército capaz de sofocar las facciones y de organizar las provincias pacificadas de la manera que lo hubiera sido la Mancha y Toledo, si se me hubiera dejado ejecutarlo como los liberales de estas dos provincias saben que lo tenia dispuesto y casi realizado.

Formulando pues, estas ideas generales , fué mi dictámen que el rápido aumento del ejército de reserva hasta cuarenta mil hombres, llenaría el indicado objeto. Que limpiadas las Castillas de enemigos en el invierno entrante por las fuerzas del mismo ya organizadas por mí en Andalucia, para la primavera, podian estarlo los cuarenta mil hombres; cuyas fuerzas dirigidas en masa á Aragon y reunidas á las que operan en aquel reino y en Valencia, deberían en una *sola campaña* aniquilar á Cabrera, tomarle las plazas fuertes que posée, conquistar el pais que ocupa y arrojar el temible caudillo carlista del Ebro allá: reforzado entonces considerablemente nuestro ejército de Cataluña el otoño del presente año, hubiera visto terminarse la guerra en el antiguo principado; y pacificado este en los restantes meses del mismo, el año 40 hubiera visto llegar todos nuestros ejércitos sobre la ribera del Ebro, para dictar la paz ó arrancar la victoria á los vascongados.

Estas ideas fueron acogidas por los Ministros y á invitacion espresa de uno de ellos se me encargó estendiese por escrito una memoria que espusiese con claridad y método el sistema que yo proponía.

Me presté á esta insinuacion á la que ni como español, ni como general consultado sobre puntos relativos á mi profesion podia negarme, y redacté la memoria que sirvió de base al decreto que posteriormente promulgó la Gaceta.

Al presentar este trabajo al Gobierno se me manifestó la conveniencia de someterlo yo mismo á S. M., y al ponerlo en manos de la Augusta Reina Gobernadora, lo hice, no como una proposicion, ni una peticion mia, sino como mi dictámen y opinion militar sobre la materia, en la que se habia creido oportuno consultar mi esperiencia y mi conocido celo por el servicio de S. M. y del Estado.

Si yo fuera susceptible de engreirme ó de envanecerme con las distinciones y muestras de confianza y de afecto que dispensa el favor de nuestra escelsa Reina, en aquella ocasion recibí testimonios los mas honrosos de la Real bondad: S. M. aprobó las ideas que tuve el alto honor de someter á su sabiduría y aun exijió de mi que me prestase á ser el ejecutor del plan espuesto en la memoria.

Yo manifesté á S. M. que asunto de tanta gravedad é importancia exijia de suyo ser sometido al exámen de generales esperimentados, de personas autorizadas cuya opinion y crítica ilustrase el parecer de sus consejeros responsables.

Posteriormente fuí llamado por estos á una junta celebrada en consejo de Ministros y á la que asistieron los esclarecidos generales cuyos nombres he mencionado en la primera parte de este escrito. En esta junta se trató de la adopcion del plan de aumento del ejército de reserva, que el Gobierno se manifestó resuelto á llevar á cabo; pero yo no tomé mas parte en la discusion que la de esplicar y aclarar los puntos vertidos en la memoria.

Los incidentes relativos á la resolucion del Gobierno de aumentar el ejército de reserva, no alteraron mi determinacion de retirarme del servicio, ni menos el acuerdo anterior para que la admision de mi dimision tuviese efecto á la espiracion del plazo fijado y convenido.

La parte que yo tuve, y que no fué otra que la que dejo referida en el proyecto de aumentar el ejército de reserva, era independiente de toda mira de que se me confiase el mando de dicho ejército. Mal podria yo considerar que de mí se echase mano para este encargo, subsistiendo las poderosas causas que me impulsaban á dejar el mando de la division que conduje á Madrid.

Mi nombramiento para la organizacion del nuevo ejército no podia tener á mis ojos ningun pensamiento realizable. La persona nombrada para desempeñar el Ministerio de la Guerra, era el Generar Alaix, enemigo declarado de mi gloria y de mi persona, y no se necesitaba mucha perspicacia (para conocer, que bajo su ministerio ni se formaría semejante ejército, ni yo podria ser la persona destinada á mandarlo.

En esta persuacion íntima en que yo estaba la redaccion de la memoria y las esplicaciones que sobre ella dí al Gobierno, no fueron otra cosa que la espresion teórica de mis ideas sobre la presente guerra, y aun suponiendo que me moviese el interés de ver realizado mi pensamiento, debiendo ser mi persona un obstáculo para que se adoptase, esta consideracion hubiera bastado á hacerme renunciar á la idea de encargarme de su ejecucion.

Esta declaracion conforme en todo punto á los hechos y á la conducta que observé en Madrid en aquellos dias, bastaría para reducir las suposiciones y calumnias que el CONDE DE LUCHANA aglomera en su representacion, á lo que en realidad son, á apasionadas declamaciones de un espíritu ébrio de orgullo y resuelto á deprimir toda reputacion capaz de hacer sombra á la que ha usurpado, con mengua de la causa que compromete en vez de servir.

Declaro sobre mi honor, y sobre ello apelo al testimonio de los Ministros de aquella época, que nadie sospechará sean mis amigos vista la conducta que mas tarde observaron cuando los sucesos de Sevilla, que ningun conocimiento prévio se me dió de lo resuelto por el Consejo á consecuencia de la junta celebrada para discutir las bases del aumento del ejército de reserva; que ninguno tuve del decreto de 16 de Octubre, y que tanto este como mi nombramiento para la organizacion y mando del mismo, llegaron á mi conocimiento por el órgano de la *Gaceta de Madrid*, siendo de notar que tardé varios dias en recibir la Real órden en que de oficio me lo comunicaban.

Desde el momento en que influido por las consideraciones que dejo espuestas resolví, no entrar en pugna con el general Espartero que yo sabia hallarse decido á contrariar y á combatir por todos los medios, mi permanencia en ningun mando elevado, no podia proponerme otro objeto que el que he manifestado, el de retirarme satisfecho con el crédito y buena reputacion que habia logrado adquirir, esperando del tiempo y de la justicia de mis conciudadanos, el resarcimiento de los sacrificios que mi patriotismo me imponía.

Si otro fuera mi designio, yo me habria aprovechado de la faborable situacion que tuve, del favor que la opinion me dispensaba, de mi inmediacion al Gobierno; para ello no tenía mas que dejar consumar la revolucion ó el cambio de sistema que el partido mas vigoroso y animado apetecía efectuar; él hubiera sido en mi provecho, él me hubiera colocado en posicion de balancear las fuerzas de mi enemigo. Pero yo no especulo sobre las disensiones de mi patria, yo no abuso del poder que para su servicio pone esta en mis manos. Yo he subordinado siempre mi ambicion al bien público, y cuando este no justifique mi elevacion y esta no pueda adquirirla por medios nobles, legales y honrosos, prefiero la oscuridad y el infortunio á la triste celebridad de aumentar las calamidades y el desconcierto de mi país.

Un interés único me animaba pues en Madrid, el de salir cuanto antes de una situacion de la que no queria abusar; el de poner cuanto antes á la opinion en estado de pronunciar entre mi conducta y la de mis émulos.

Aunque eran ya escasos los dias que faltaban para la reunion de las Córtes, y que verificada ésta cesaba mi compromiso con S. M. y con el Gobierno; no queriendo dejar pesar sobre mí la responsabilidad de la inaccion de las tropas que conduje de la Mancha y se hallaban acantonadas en las inmediaciones de la capital, propuse su distribucion, insté para que se destinasen á la provincia de Toledo y de Avila las necesarias á conseguir su pacificacion, para que se enviase á Castilla la Vieja la brigada destinada á aquella provincia, para que se reforzase la línea de la Mancha, para que se utilizasen en suma las fuerzas de la reserva, y para estimular al Gobierno á que se prestase á mi propuesta, le ofrecí encargarme de la pacificacion de Toledo y Avila proponiéndome darla cumplida en el término de un mes.

Sin negarse los ministros á estas indicaciones, no se me permitió ponerlas en ejecucion con la brevedad que yo solicitaba, y transcurrieron mas dias de los que hubiera deseado sin que se dispusiese de las tropas que aun se hallaban á mis órdenes.

En este estado y cuando nada recelaba yo relativamente á que pudiese ser turbado el sosiego de la capital, encontrándome indispuesto y en cama, recibí la visita del señor ministro interino de la Guerra, brigadier don Francisco Hubert, quien me manifestó que el Gobierno habia resuelto declarar á Madrid en estado de sitio, y que al efecto era ~~consiguiente~~ *urgente* me levantase y fuese á tomar las órdenes de S. M.

Con tan inesperado motivo y no obstante el estado de mi salud, pasé á palacio y tuve la honra de ser recibido por S. M., á quien espuse que la medida de declarar á la capital en estado de sitio la consideraba alarmante, innecesaria, contraria á la ley, no justificada por las circunstancias, y capaz de infundir sospechas acerca de las intenciones del Gobierno. Que los liberales se creerian amenazados y considerarían dirijida contra ellos semejante declaracion, la que juzgaba ademas capaz de afectar la veneracion y el amor que á S. M. tributaban sus leales súbditos; y que yo por mi parte no podia asociarme á semejante medida.

Se me hizo observar que el estado de sitio se dirigiría principalmente contra los carlistas, cuya insolencia habia subido de punto y cuyas maquinaciones se habian hecho temibles.

Espuse nuevamente á S. M. que para refrenar á los carlistas y asegurar la tranquilidad de Madrid hasta la reunion de las Córtes, no era necesario el estado de sitio. Qué de la conservacion del òrden en la capital respondía yo, y que en cuanto á contener á los enemigos de la dinastía, todos los liberales contribuirian á ello de buena gana, y que la accion de las leyes bastaba para asegurar su represion y su castigo. Que para tranquilizar á S. M. tambien me encargaria de esto, siempre que el Gobierno me facultase para ello y las autoridades competentes me ausiliasen designándome los conspiradores carlistas.

A consecuencia de estas seguridades dadas por mí á S. M. con toda la fuerza del convencimiento que me animaba, mandó S. M. reunir el consejo de ministros: á él fuí llamado juntamente con el capitan general y el gefe político y habiéndose tratado en esta reunion de llevar á efecto la declaracion de la capital en estado de sitio, me opuse decididamente á ello, combatiendo todas las razones que se alegaban en apoyo, y logrando en último resultado que se desechase la idea de adoptar semejante medida.

Estos hechos auténticos é irrecusables son la

mejor respuesta que puedo dar á la acusacion de conato á la dictadura, que me imputa la enemistad del conde de Luchana.

Mi residencia en Madrid en aquellos dias fué una série constante y reiterada de negativas por mi parte para abarcar el poder que por todos lados venia en busca mia.

El pensamiento de declarar á la capital en estado de sitio, si bien pudo tener origen en los temores que asaltaron al Gobierno y que acabo de indicar, no seria estraño hubiese sido sugerido por la enconada influencia conjurada en mi perdicion. Adoptar una medida tan violenta, y poner su ejecucion á cargo de un general á quien se queria hacer pasar por partidario de opiniones retrógradas, á quien se queria arrebatar la popularidad de que gozaba, y cuya estancia con un númeroso cuerpo de tropas á las inmediaciones de Madrid, no justificaba ningun motivo de intéres público, era una escelente ocasion para acreditar las calumnias que ya se elaboraban en Logroño, y vestir con alguna apariencia plausible el libelo pronto á salir de las prensas del cuartel general.

Obedeciendo á un sentimiento de rectitud y de patriotismo tuve la suerte de evitar el lazo que probablemente se me tendia, sin conocimien-

to de los que oficialmente propusieron una medida que yo creo, consideraron y juzgaron in-
fluidos por razones de interes público y de deber.

Pero era forzoso á mi enemigo labrar mi
ruina sobre el menoscabo de mi acrisolada repu-
cion de liberal y de patriota, y para lograrlo no
debia repararse en medios por inmorales y vedados que fuesen.

No hace muchos dias que ha venido á mi poder un documento escrito pocos dias antes de los
sucesos de que voy à hablar, desde una de
nuestras plazas del Norte, por uno de los principales corifeos de la pandilla dominadora, en el que
aparece que ciertos hombres me miraban como un obstáculo á sus planes, y habian resuelto deshacerse de mí á toda costa.

Pero no debo anticipar consecuencias que sin
violencia alguna se deducirán de la sencilla relacion que me propongo hacer de los hechos.

El 28 de octubre por la mañana fuí llamado
por el señor ministro interino de la Guerra, y ha-
biendome presentado en su secretaria, me manifestó que el Gobierno tenia avisos de que iba á
alterarse el órden público, y que en su consecuencia me prevenia estuviese preparado para
prestar auxilio á la autoridad.

Juntamente con esta órden que me comunicaba mi gefe inmediato el señor ministro de la Guerra, coincidió el recibo de un oficio del señor ministro de la Gobernacion , manifestándome de real órden el peligro que corria la tranquilidad de Madrid (véase el apéndice documento número 3.)

Mi conducta en esta circunstancia estaba trazada por mi deber; contesté al señor ministro de la Guerra que pasaria á los cantones de la division de mi mando y esperaría sus órdenes.

Antes de ejecutarlo, pasé (serian las cuatro de la tarde) á ver al señor capitan general del distrito y le hice presente las instrucciones que acababa de recibir del Gobierno y que en su consecuencia iba á situarme en los cantones. S. E. me dijo que tenia los mismos avisos é instrucciones que yo y que esperaba los sucesos. Convenimos en avisarnos de lo que pudiera ocurrir, y al efecto dejé varios ordenanzas montados á disposicion de S. E. para que pudiese transmitirme con mayor facilidad sus comunicaciones.

Al regresar á mi alojamiento recibí diferentes avisos confidenciales que todos confirmaban los anuncios de un movimiento anárquico. Varios amigos mios vinieron inquietos á noticiarme que uno de los objetos que se proponian los conjurados era el de asesinarme, y esta misma

especie me fué ratificada por un celador de Policía que de parte del señor gefe político vino es-
presamente á darme este aviso. Antes de salir de
mi casa, se me presentó un sugeto digno de crédito y me reveló con circunstancias que no me
permitian dudar de la certeza del hecho, que en
un *club* tenebroso, y no compuesto de patriotas,
sino de intrigantes, se habia tratado de asesinarme, á ostigacion de los mismos á quien mi
energía y patriotismo hacian sombra, y para
quienes mi ruina habia de ser el preliminar que
les dejase espedito el camino para la ejecucion
de meditadas traiciones.

El disgusto que en Madrid reinaba, ocasio-
nado por la debilidad y falta de crédito del
ministerio, sirvió de pretesto à los que eran instrumento de la trama, para agitar los ánimos,
esparcir voces alarmantes, intimidar al Gobierno en un momento de confusion, y comprometer
à este á alguna demostracion hostil de la que esperaban sin duda que yo fuera ejecutor, (à cuyo
efecto habian procurado agriarme esparciendo la
voz de que se trataba de asesinarme) para presentarme à los ojos de la opinion y de la Milicia
como un instrumento de tiranía, como un opre-
sor de mis conciudadanos.

Asi fué que apenas hube yo salido de Madrid

para dirigirme à los cantones, que se vieron emisarios activos circular por los cafés, y por los
corrillos esparciendo la voz de que yo habia
marchado con intencion de introducir las tropas
en la capital, de desarmar la Milicia y de ejecutar un golpe de estado.

Interin se procuraba sorprender asi al confiado, leal, generoso, patriótico vecindario de
Madrid, al que tantas pruebas de afecto debe mi
gratitud, en los cantones de mis tropas se hacia
circular la calumniosa especie de que la Milicia
queria asesinarme y que el general venia à buscar refugio entre sus batallones.

A fin de cumplir con las órdenes que habia
recibido, y para llenar los deberes que las circunstancias me imponian en momentos que podian ser críticos, reuní las brigadas en la poblacion
de los Carabancheles. La caballería de la guardia
perteneciente al ejército se hallaba acuartelada
en Madrid, donde à mi llegada habia permitido
à su comandante general que condujese los es-
cuadrones, cediendo en ello à los deseos que me
manifestó el general Aldama, comandante general del arma, de que se alojase la tropa en sus
respectivos cuarteles, en lugar de situarse en los
pueblos de las inmediaciones, à la par que la infantería.

Esta brigada aunque acuartelada en Madrid se hallaba á mis inmediatas órdenes, y cuando por mandato del Gobierno salí para los cantones á reunir las fuerzas, el comandante general de dicha brigada hubo de montar á caballo y conducir su tropa donde se hallaban los demas del ejército, del mismo modo que otras brigadas se movieron desde sus alojamientos para reunirse á las demas fuerzas en Carabanchel.

Este movimiento natural y sencillo, el de la reunion de la brigada de caballería de la guardia, es el hecho que ha servido á la calumnia que me imputa el conde de Luchana, de haber introducido en Madrid tropas del ejército sin conocimiento del capitan general.

Ninguna fuerza mia ocupó á la capital, como aparecerá del fiel relato que voy haciendo. La brigada de caballería salió de sus cuarteles para marchar fuera de la poblacion en obediencia de lo mandado por el Gobierno, el que habia dispuesto reconcentrar las fuerzas. Este movimiento que en nada podia alarmar, no era obligacion mia participàrselo á ninguna de las autoridades locales, porque no iba esta caballería á hacer servicio alguno en el recinto de la poblacion; y por qué como general en gefe de un ejército y recibiendo órdenes directas del ministro, las mias à mis subalternos no tenian con arreglo à ordenanza que pasar por otro conducto que por el de mi estado mayor.

Hace pues, una suposicion falsa el conde de Luchana, cuando afirma que la caballería del cuerpo del ejército de mi mando entró en Madrid, como fuerza destinada à obrar. Siendo un hecho probado que salió de sus cuarteles para ir à Carabanchel y volvió à ellos, disipida que fue la alarma, sin dar ni siquiera una patrulla en el recinto de la capital.

Á mi llegada à los cantones y para impedir toda efervescencia por parte de la tropa, como para inculcarle en aquellos momentos las nociones de buena disciplina que desde su creacion habia recibido en mi escuela el ejército de reserva, reuní los oficiales y les instruí de los recelos que tenia el Gobierno de que se alterase el órden, manifestándoles que si desgraciadamente llegaba à suceder, esperaba que fieles à sus deberes y al buen espíritu que los animaba, darían una nueva prueba de su lealtad à sus juramentos, defendiendo las instituciones, el trono de ellos emanadas, y mostrándose sóstenedores de la ley y de la autoridad pública.

Despúes de tomadas estas disposiciones oficié al señor ministro de la Guerra pidiéndole instrucciones en los tèrminos que aparece del documento nùmero 4.

La respuesta del ministro, que recibí à las diez de la noche estaba concebida en los tèrminos siguientes:

MINISTERIO DE LA GUERRA.— E. S.—Son las ocho y cuarto y acabo de recibir el parte que V. E. me ha dirigido avisándome de sus disposiciones.— El Capitan General de la provincia y las demas autoridades locales se hallan igualmente que V. E. dispuestas á obrar, y yo no me he separado ni un momento de la Secretaria de mi cargo esperando los partes que se me dirijan y sin preceder á ningun movimiento hostíl, ínterin el Gobierno de S. M., sus autoridades y sus tropas no sean provocadas.—Tal es la conducta que recomiendo á V. E. debiendo observar esta poblacion de cerca por medio de escuchas y dirigirse á sus puertas de Atocha, Toledo y Segovia, si se le avisase por aquellos estar alterada la tranquilidad pública en esta córte, pues á los tres referidos puntos dirigiré mis prevenciones.— Dios guarde á V. E. muchos años. Madrid 28 de octubre de 1838.— Hubert.— Excmo señor General en gefe del ejército de reserva.

En consecuencia de esta real órden y cumpliendo lo que en ella se me prevenía, era de mi obligacion situar las tropas de manera que sin tomar una aptitud hostil, pudiesen acudir con prontitud á los puntos que se me designaban. Se me prevenía terminantemente *observar la poblacion* por medio de escuchas y se me indicaban los puntos que debia ocupar en caso de llegarse á alterar la tranquilidad.

Para que las tropas estuviesen en situacion de evitar con su presencia cualquiera alteracion del órden público á fin de dar cumplimiento á la real órden precitada en los términos que estaba concebida, era indispensable que yo situase las fuerzas á una distancia de la capital bastante aproximada para observar, sin penetrar en su recinto, lo que en ella ocurriese. Yo era en aquel momento responsable de cualquier desórden que sobreviniese y que no me hallara yo en disposicion de contener ó evitar. Las órdenes del Gobierno, la importancia de conservar el sosiego en la capital de la monarquía, la presencia en ella de S.S. M.M., mi compromiso por haber respondido pocos dias antes de la tranquilidad, asegurando que la conservaría sin recurrir al duro estremo del intentado estado de sitio, todo me constituia en la obligacion de no permitir se alterase el órden; y con el doble afan de conseguirlo y de que se respetara la opinion y el crédito del heróico vecindario madrileño, debí vigilar á fin de que la loca y despreciable tentativa de un corto número de ilusos ó de asalariados, no comprometiese al pueblo, á la Milicia, à mis soldados, ni á mí mismo,

Para esto me adelanté con las tropas desde Carabanchel hasta la altura del puente de Toledo, situando las columnas en una linea que apoyandose en la orilla del rio, daba frente al espacio comprendido entre la puerta de Atocha y la de Segovia, puntos designados ó comprendidos en las instrucciones del Sr. Ministro de la Guerra.

Para cumplir con la parte relativa á la colocacion de escuchas, no habia otro medio que el de situar estas en las puertas á las que se me prevenía me dirigiese en caso que se alterase el órden, y como aquellos escuchas de nada hubieran servido, ni podido llenar el objeto con que se habia prevenido los colocase, el de darme aviso de cualquier novedad que en Madrid ocurriese, forzoso era que entre ellos y el punto que yo ocupaba á distancia de la capital existiese algun medio de comunicacion. Al efecto mandé situar un corto destacamento en el *recinto esterior* de las puertas de Atocha, de Toledo y de Segovia, con el objeto de que pudiesen correr la voz y los partes desde los vigilantes hasta el punto en que me hallaba.

A estas prudentes é inofensivas disposiciones, es á lo que se ha llamado falsamente apoderarse de las guardias, invencion supuesta y calumniosa, pues si existian tales guardias en las puertas, si

yo hice otra cosa que cumplir fiel y escrupulosamente las instrucciones del Gobierno.

Si las disposiciones que yo tomaba no eran
sabidas por las demas autoridades, la responsabilidad no podia ser mia. Yo dependia del Ministro de la Guerra y á el dí conocimiento de lo
que ejecutaba à consecuencia de las órdenes
que me trasmitía en nombre de S. M.

No sé, ni deseo ocuparme de lo que pasó
aquella noche dentro de Madrid, donde no mandaba y donde no penetró uu soldado de los que se hallaban à mis órdenes; finalmente donde no ocurrió ningun hecho que empeñe mi responsabilidad.

Si hubiera llegado el caso de que se me man-
dara entrar en Madrid, entonces hubiera aparecido mas evidente aun, uno de los móviles principales que me condujeron à colocarme à la cabeza de las tropas y tomar por mí mismo las disposiciones; el deseo de evitar, la resolucion de impedir, la voluntad de hacer imposible, todo choque
ó colision entre la Milicia y la tropa.

Porque estaba seguro de atajarlo no quise
perder aquella noche de vista los soldados de la
reserva. Me felicito de haber obrado asi, porque
de lo contrario y si no hubiera vivido tan sobre
aviso; quiza los que urdieron aquella trama para
tenderme un lazo, hubieran por sorpresa ó de

otro modo improvisado un choque, que nada les importara que hubiera llenado de luto la capital, à trueque de hacer execrable al hombre de quien era preciso *deshacerse.*

Como nada ocurrió dentro de la poblacion desde el anochecer, hora à que yo marché à los cantones hasta las 12 de la noche que me retiré del puente de Toledo, pues los autores del *complot* desmayaron al tiempo de la ejecucion, y ademas creyeron sacar todo el fruto que del alboroto se prometian indisponiéndome con la Milicia, lo que esperaron alcanzar con las voces que propalaran aquella noche dirigidas à representar como hostiles los movimentos de la reserva; como ningun signo esterior de asonada se manifestase, como no observara apariencia siquiera de suceso que justificase una continuacion de vigilancia, y à fin de evitar el que â la mañana siguiente la presencia de la tropa en las avenidas de Madrid no escitase alarmas, me decidí à la referida hora de las 12 de la noche à acercarme al Gobierno, y entrando por la puerta de Segovia, acompañado solo de mis ayudantes, me dirijí à la Secretaría de Estado. Allí encontré reunidos à los Ministros, à quienes hice presente las disposiciones tomadas y la necesidad de retirar las tropas, pues no creia hubiese motivo para continuar sobre las armas,

Los Secretarios del despacho que á la sazon estaban en consejo y entre ellos el Sr. Duque de Frias, manifestaron su aprobacion de todas las medidas por mí adoptadas en cumplimiento de las reales órdenes que se me habian comunicado, y aunque respecto á retirarse las tropas á sus cantones, fueron de opinion que era todavia muy temprano y que podia ocurrir algo, cedieron á mis instancias, manifestando el Sr. Duque de Frias que habiendo él dado ya parte á S. M. de que la tranquilidad estaba asegurada, se podia acceder á mis indicaciones.

Asi se ejecutó á las doce y media de la noche sin que quedase un solo batallon de reten; pues estaba convencido de que nó habia motivo sério de alarma, y de que todo habia nacido de las intrigas y maniobras de los que ansiaban comprometerme con la Milicia y pueblo de Madrid.

Antes de retirarme á mi alojamiento pasé á ver al Capitan General, y le informé que ya habia mandado retirar las tropas y que todo me parecía negocio terminado.

En efecto no se alteró el órden aquella noche ni en los dias siguientes que yo permanecí en Madrid.

Tal es la historia fiel, por lo que á mí res-

opinion pública, y en un principio de inquietud
pecta de lo ocurrido en la ruidosa noche del 28
de octubre último.

Compárese lo que dejo referido y probado,
con la relacion calumniosa y del todo punto falsa
que bajo la firma del conde de Luchana aparece
en su segunda representacion, fecha en Logroño
á 6 de diciembre, y comprenderán los españoles
hasta que punto se ha hollado la verdad y con-
vertido la enemistad y la saña en instrumento
de difamacion y descrédito contra un fiel servidor del Estado, contra un liberal cuya vida es un
testimonio no interrumpido de amor á las instituciones libres, de adhesion, de sacrificios y de entusiasmo por la causa Nacional.

Lo ocurrido en la noche del 28; las intrigas
y amaños con que mis enemigos, que no eran
otros que los emisarios del conde, propalaban
que yo tenía designios contrarios á la opinion del
pueblo y Milicia de Madrid; el justo recelo de
que volviesen á repetirse alarmas de la misma
especie, y no tuviese yo en ellas la fortuna de
evitar los compromisos que se me buscaban y en
los que se quería hacerme perder la confianza
que en mí tenian los patriotas; el convencimiento
de que la marcha de aquel gabinete disgustaba la

y de inseguridad; mi resolucion de no aprovecharme de las circunstancias y de ceder el campo
al que se mostraba ansioso de tomar sobre sí toda
la carga, me decidieron à anticipar el término
ya fijado para mi separacion, y en la mañana del
29 manifesté al Gobierno mi irrevocable determinacion de dejar el mando en el mismo dia.

Los Ministros juzgando quizá todavia nece-
saria mi continuacion por algunos dias, instaban
para que desistiese de mi empeño; pero las razones que impulsaban mi conducta partian de un
íntimo convencimiento y me negué resueltamente
á continuar un solo dia mas.

Asi se lo manifesté á S. M. de quien recibí
nuevas pruebas de bondad y de confianza al poner
en sus Reales manos mi dimision, la cual quedó
aceptada en los términos que manifiesta la real
órden núm. 5, única forma en que S. M. con-
sintió en acceder á mis ruegos y con la que hube
de conformarme para lograr mi proposito de no
prolongar compromisos que preveia se irian au-
mentando, ínterin los emisarios y agentes del
conde me viesen en situacion de poder influir en
los negocios públicos.

Deseoso de alejarme cuanto antes de la escena
política y de entregar á la accion del tiempo, al
desengaño de la esperiencia, el estado de cosas que

se preparaba, salí de la capital para Andalucía dos dias despues de haber dejado el mando del ejército de reserva.

Los hechos no tardaron en justificar mi prevision; pues el dia 3 de noviembre se repitió en mayor escala la alarma intentada el 28, cuyos instigadores no hubieran dejado de buscar en ella nueva ocasion para consumar la desavenencia en que querian ponerme con la Milicia de Madrid.

Por fortuna hice yo imposible el éxito de esta egunda trama poniendome en camino un dia antes que estallara el alboroto del dia 3.

Antes de salir tuve el gusto de avistarme con los Sres. Comandantes de la Milicia Nacional de todas armas de la capital, y en una reunion que tuvimos provocada por el sentimiento de mutua confianza que no podian menos de profesarse hombres tan comprometidos en favor de la causa de la libertad, nos dimos mútuamente francas y completas esplicaciones, sobre las voces esparcidas en la noche del 28. Se rectificaron los hechos, la verdad quedó en su lugar, y los Gefes de la Milicia Nacional de Madrid se mostraron tan satisfechos de mi proceder, confianza é íntima union con los patriotas de su mando, como yo reconocido á las pruebas de amistad y de afecto con que me honraron.

Cuando se le ocurra otra vez al Sr. conde de Luchana, estampar bajo su firma acusaciones de tanta gravedad, por decoro propio debería informarse mas escrupulosamente de los hechos sobre que funda sus difamaciones; asi evitaría ya que no lo injusto, lo odioso de su proceder.

Por los documentos leidos en la sesion del Congreso de los Sres. Diputados del 23 de diciembre de 1838 (cuyo estracto figura en el apéndice de este escrito) se han hecho públicos en la nacion los justos y fundados motivos que en mi marcha á Loja me hicieron dirigirme á la ciudad de Córdoba, en la que compromisos de honor contraidos en el interés del servicio ínterin estuve encargado de la formacion del ejército de reserva, me obligaban á vigilar se hiciese efectivo el pago de las letras dadas al contratista que bajo mi garantía habia suministrado caballos para el ejército de mi mando.

Por esta razon me encontraba en Cordoba cuando estallaron los primeros síntomas de turbacion en Sevilla. Los hechos vertidos en la misma sesion á la que me refiero, los partes y comunicaciones de las autoridades de la provincia al Gobierno, el testimonio de todo el pueblo de Cordoba y de sus principales habitantes que diariamente me visitabau, son pruebas harto más auténticas y merecedoras de crédito, que las gratuitas falsedades asentadas por el conde de Luchana, respecto á las disposiciones en que yo me encontraba cuando estalló el movimiento de Sevilla.

Su existencia no hizo variar mi determinacion de continuar mi camino para Loja, y en efecto salí el 17 de Cordoba con direccion á aquella ciudad, cuando hallándorne en la Carlota en la noche del mismo dia, recibí la visita de D. Manuel Cortina, vecino de Sevilla, y otro caballero de la misma ciudad, encargados por mis amigos en ella, y por las personas que en los momentos de peligro se habian puesto al frente del pueblo y de la Milicia á fin de evitar mayores males y trastornos, de hacerme presente el estado de las cosas, la efervescencia en que los espíritus se encontraban, el temor de que abandonado á sí mismo el pueblo se exasperase y persistiese en dar impulso á una escision que podia ser peligrosa.

Los comisionados, cuya lealtad y patriotismo me inspiraban la mayor confianza, aseguraban que mi presencia calmaria los ánimos, que daria seguridad al pueblo y á la Milicia, y pondria á las autoridades y al benemérito General Cordoba, á quien los sucesos habian puesto á su cabeza, en estado de dominar la dificil situacion en que se encontraba y de satisfacer á lo que debian á Sevilla y á la causa general de la nación.

Al llegar al momento decisivo de que estoy hablando tengo estrechas obligaciones que llenar. Debo la verdad á mis conciudadanos y mi honor les es garante de que no ocultaré la menor parte de ella.

Pero debo ser el primero en advertir, que entre mi manera de tratar lo ocurrido en la Carlota en la noche del 17 de noviembre y la version que de los mismos sucesos hizo en el Congreso un digno y generoso amigo, á cuya lealtad aprovecho la ocasion de rendir este merecido tributo de aprecio y de gratitud, debe existir una notable diferencia.

El diputado que en la sesion del 23 de diciembre se constituyó en mi defensor, usó de un derecho honroso y lícito, escusando y paliando el compromiso que contra mí podia resultar á consecuencia de mi marcha á Sevilla. Este simple hecho era mirado por el Gobierno como un delito, y los que abogaban por mi causa estaban en la obligacion de sincerarme de él.

Pero el que mis defensores hayan cumplido noblemente con sus deberes de amigos, no me dispensa á mí de llenar el mio como español, como liberal, como acusado.

Esto me obliga á tratar y á caracterizar los sucesos de Sevilla.

Desde que llegó á mi noticia lo ocurrido en la noche del 12 de noviembre, la separacion de las autoridades y el rompimiento de la Milicia con la autoridad militar superior del distrito, consideré que aquel movimiento hijo de la exasperacion y efecto de anteriores agravios, podia comprometer la causa pública y ser ocasion de funestas divisiones entre los defensores del trono constitucional.

Pero esta opinion, no podia disminuir mi simpatía, ni alterar los deberes que me unian al pueblo de Sevilla. Los mas escogidos entre sus hijos habian sido mis compañeros de fatigas y de triunfo en la espedicion contra el rebelde Gomez; en la persecucion que esperimenté en castigo sin duda de mis buenos servicios, Sevilla me habia honrado y distinguido. En las primeras elecciones generales que hubo en la provincia, habia merecido el honor de ser nombrado su diputado à Córtes. Yo no soy ingrato ni egoista, y no podia ser indiferente á la suerte de aquel pueblo amigo y generoso.

Por otra parte no se me ocultaba que el régimen escepcional, que el estado de sitio imponia á Sevilla sin necesidad reconocida, pues la sensatez de sus habitantes no hacia menester este freno para respetar las leyes y obedecer al Go- bierno, tenia mortificado y ajado el carácter pun- donoroso y sentido de los sevillanos. La autori- dad del conde de Clonard, dura, injusta, par- cial, ejercida con prevencion y altaneria, habia exasperado los ánimos.

Ageno como yo me encontraba á las causas que impulsaron el pronunciamiento, ignorante de las circunstancias que acompañaban su esplosion; cuando tuve conocimiento circunstanciado y fiel de sus efectos por la relacion que me hicieron el señor Cortina y su compañero, me ví domi- nado por dos impresiones; la primera dictada por mi amor al pueblo de Sevilla, é influida por los estrechos vínculos que á él me unian, me de- cia que las quejas del pueblo eran justas, su exas- peracion fundada, su manifestacion si no legal al menos escusable. Pero este sentimiento se halla- ba superado por el de mis deberes como español, como servidor del Estado, como súbdito leal del Gobierno; esta consideracion y la linea de con- ducta que mis conocidos principios de subordina- cion, de rígida disciplina y de amor al órden me trazaban, exijian de mi en primer lugar, que no ayudase ni contribuyese al desarrollo de un movimiento que podia degenerar en escision

6

abierta con el Gobierno, en causa de division y de discordia para el pais; en segundo lugar, no me era lícito volver la espalda al pueblo de Sevilla, ni dejar de contribuir á sacarlo de la difícil situacion en que se encontraba, apresurando el restablecimiento del órden y haciendo cesar y desaparecer las causas que se opusieron á un desenlace pacífico y feliz.

Estos fueron los principios que me guiaron, el móvil que me condujo à Sevilla.

Yo someto el examen de mis razones al juicio de mi pais.

La moralidad de mi conducta ha de fallarse dentro de los limites de esta proposicion.

¿Fué á Sevilla el general Narvaez á arrojar combustible al fuego, ó espuso su nombre y comprometió su posicion fuerte y ventajosa, para apagar el incendio?

Si mi presencia contribuyó en manera alguna á dar pábulo à un movimiento de rebelion, la razon estará de parte de mis enemigos.

Mas si mi presencia fué útil à los sevillanos, disponiéndolos á oir mi voz y á poner término á un estado de cosas que hubiera podido degenerar en daño de la causa pública; yo obré como leal ciudadano, é hice un bien efectivo á mi pais.

Los hechos manifestarán ahora cuales fueron los resultados de mi conducta.

El 18 de noviembre por la tarde llegué á Sevilla, y la poblacion entera sin distincion de edades, sexos ni clases, salió á recibirme acogiéndome con señales tan manifiestas de confianza y cariño, que la memoria de aquel recibimiento vivirá eternamente grabada en mi alma. No recuerdo esta circunstancia por orgullo ni por hacer vana ostentacion de popularidad. Leccion mas útil debe sacarse del universal y espontáneo testimonio de aprecio que merecí al pueblo de Sevilla.

Como no es imaginable suponer que una poblacion de ciento cincuenta mil almas que toda entera toma parte en una demostracion pública, y sale á recibir á un individuo que llega y cuya presencia cree que vá á influir en su suerte, se componga de revolucionarios, ni de personas adictas á turbulencias; como fuera absurdo creer que los millares de ciudadanos que me aclamaron eran cómplices de una revuelta fraguada por el interés individual; la espontaneidad y el entusiasmo que el pueblo de Sevilla manifestó en aquel dia, lo que prueba es una cosa muy contraria de la que ha supuesto mi acusador : prueba que el pueblo de Sevilla deseaba el órden, ansiaba por su seguridad y su sosiego, y creia que yo venia á volvérselo y á contribuir á sacarlo del compromiso en que se encontraba.

· El pueblo de Sevilla me juzgaba bien.

Yo encontré al general Córdova y á los demas miembros que componian la junta nombrada para suplir la falta de las autoridades que el dia 15 y en los momentos de la primera alarma habian hecho dimision y abandonado la ciudad y la provincia à merced de los sucesos, en las disposiciones mas puras, mas conciliadoras, mas patrióticas.

Nadie pensó allí en sí propio; todos en los intereses de Sevilla y en los de la causa liberal.

Antes de mi llegada y obedeciendo al impulso de las circunstancias y á la necesidad de calmar la primera efervescencia con algunas concesiones, la junta habia acordado algunos actos, todos reducidos á meras comunicaciones á otras autoridades, y proyectos para la adopcion de medidas ulteriores. Entre estas se encontraba la de llevar á cabo en la parte que correspondia á Sevilla el armamento y organizacion de los cuarenta mil hombres, con que por real decreto de 16 de octubre de 1838 se mandó aumentar el ejército de reserva.

Pero á mi llegada á Sevilla y despues que hube conferenciado con los dignísimos ciudadanos que habian compuesto la junta, conviniendo todos en la oportunidad de poner término al estado escepcional en que las conmociones de los dias 14, 15 y 16 habian puesto á la provincia; no solo se abandonó la idea de la organizacion de aquella fuerza, pensamiento en el que como dejo dicho no tuve parte, sino que se suspendieron todas las determinaciones capaces de dar mayor impulso al movimiento, no se tuvieron sesiones con carácter de acuerdo, y la junta dejó de desempeñar funciones de autoridad.

Como no hubo deliberaciones que produjeran resoluciones oficiales desde el dia de mi arribo, no llegó el caso de que yo entrára á desempeñar el cargo de Vice-Presidente para que habia sido nombrado, lo que reduce al carácter de una nueva falsedad la imputacion que me hace el conde de Luchana, de haber aceptado con la Vice-Presidencia el ejercicio de funciones ilegales.

Otra invencion ó cuando menos otra ligereza del mismo conde es la de dar crédito y asegurar bajo su firma, como prueba de mi complicidad en la supuesta rebelion, que al dar gracias al pueblo desde el balcon de mi casa por el recibimiento que me habia dispensado, dije que me *sacrificaría por su generoso pronnciamiento.*

Millares de testigos oyeron las palabras que

pronuncié en aquella ocasion. A mi lado estaban los señores don Manuel Cortina, y el señor brigadier Fontecillas, y nadie pudo oir otra cosa que lo que realmente dije reducido à dar gracias al pueblo por la confianza que me dispensaba, y renovar mi juramento mil veces repetido, jamas quebrantado y sellado mas de una vez con mi sangre, de sacrificarme por la causa de la libertad, añadiendo que espondria mi vida en defensa de los intereses y del honor del pueblo de Sevilla. Juramento que no creo incompatible con ninguno de mis deberes como militar ni como español.

Desde el dia que siguió al de mi llegada à Sevilla, el estado de las cosas presentaba una solucion fácil, natural y decorosa para todos.

El general Córdova escribió al Gobierno dándole noticia circunstanciada de todos los sucesos, y manifestàndo la disposicion en que se encontraban los individuos de la junta y cuantas personas habian tomado parte en el movimiento para hacer cesar las consecuencias de la calmada escision.

En efecto la junta no habia hecho uso de su autoridad sino en los primeros momentos de escitacion pública, y esto para tomar medidas sin consecuencia, dirigidas todas à desarmar la exasperacion de los ánimos; no habia interrumpido ni coartado la accion de las autoridades dependientes del Gobierno; no habia distraido un solo real de las arcas públicas.

Para que todo volviese à su estado regular solo faltaba una cosa, tranquilizar el ánimo de la Milicia Nacional; darle garantias que pusiesen su honor à cubierto; remover la causa que habia originado el disgusto y la irritacion.

Todo esto se conseguia removiendo al conde de Clonard y nombrando el gobierno para reemplazarle un general que al mismo tiempo que representase dignamente la Corona, secundase con imparcialidad y no mirase con prevencion á los hombres que mas garantias ofrecen à la causa de la libertad.

Esto fué lo que el general Còrdova propuso de oficio al Gobierno y lo que yo manifesté en carta particular à uno de los señores ministros.

Nuestras intenciones eran pues conocidas. Volver la paz à Sevilla, interponer nuestra mediacion con el Gobierno, para salvar el honor y el decoro de la Milicia Nacional.

¿ Dónde estan los hechos que justifiquen otra cosa ?

Desde el 18, dia de mi llegada, no se dió un solo paso, ni se dictó una sola providencia, que indicase el propósito de impulsar al movimiento. Las autoridades de la provincia obedecieron sin que la junta tratase de impedirselo, las órdenes del mismo capitan general. Los cuerpos de la guarnicion á los cuales éste mandó pasar á Cadiz, pudieron ejecutarlo sin esperimentar el menor obstaculo. Todo manifestaba que por parte de las personas que influian en Sevilla, solo habia deseos de ver consolidada la tranquilidad pública y removido el principio de division.

Pero el causante de la irritacion que habia producido el movimiento de Sevilla, estaba destinado á servir de instrumento y de ejecutor de las venganzas, de que eran objetos los mismos que se habian sacrificado para atajar los males y los infortunios á que su desacertado mando habia espuesto à Sevilla, à las Andalucías y à la España entera, salvada de un trastorno por el patriotismo y la prudencia de los que iban à ser presentados como los enemigos de su reposo.

He dicho que el dia 18 por la tarde llegué yo á Sevilla. El vapor que salió de esta Ciudad para Cádiz el 19 llevò la noticia de mi entrada y el 20 por la mañana, sin tener conocimiento de lo que yo hacía, sin tener datos sobre los que poder juzgar mi conducta, sin saber qué parte tomaría yo ni qué papel representaría en los sucesos, el Conde de Clonard lanzò su manifiesto al público, declarandome revolucionario y traidor.

Este documento irreflexivo, parcial, inconsiderado, calumnioso, ha sido el único acto, el solo fundamento que ha servido de pretesto y de apoyo á las acusaciones que con motivo de los sucesos de Sevilla, formulò contra mi el conde de Luchana, en su segunda representacion fecha en Logroño à 6 de Diciembre.

Sin la existencia de este documento tampoco hubiera tenido el Ministerio de aquella época el menor asidero para fundar respecto á mí la providencia de formar causa à los que figuraron en aquellos acontecimientos, pues no existiendo como no existe, acto, resolucion, ni firma mia, que pruebe mi participacion en ningun acto ilegal, por grande que fuera la servilidad de aquel Ministerio y su deseo de inmolarme á la saña del conde de Luchana, no era posible que sobre el simple anuncio de mi viaje à Sevilla me hubiera envuelto en un procedimiento criminal.

Los hombres imparciales, los liberales de buena fé, verán por cuanto dejo espuesto que si el conde de Clonard hubiera procedido con detenimiento y justicia, aguardando à conocer los efectos de mi presencia en Sevilla, esta habria aparecido como un acto meritorio, como un

servicio hecho à mi patria, como una de las
causas que mas poderosamente influyeron en el
feliz desenlace de aquellas ocurrencias. Pero el
conde de Clonard se aprovechó de los buenos
efectos de mi mediacion, sin formar escrúpulo
de difamar y acusar al que contuvo y desarmó
los elementos que se hubieran desencadenado
contra él.

El Gobierno sabedor de mi buena fé, y de los
sacrificios que acababa de hacer en beneficio de
mi patria, faltó á la probidad y á la justicia, en-
volviéndome en un procedimiento inicuo; y se
dió á la nacion el inmoral espectáculo de perseguir á un hombre que acababa de abandonar vo-
luntariamente los inmensos recursos que poseía
para hacer frente á sus enemigos.

Los sucesos de Sevilla, tanto por el caracter
que la sensatez y cordura del pueblo llegó á im-
primirles, como por la conducta que en ellos observaron los individuos de la junta, como tambien por la parte conciliadora que en ellos tomé,
hubieran necesariamente aparecido á los ojos de
la nacion bajo un colorido honroso, y redundado
en abono de mi acendrado amor á mi patria y al
órden público, si el olvido de todo miramiento
de justicia por parte del ministerio que presidía
el Sr. duque de Frias, no le hubiera conducido

á promover la formacion de causa antes de tener los datos y fundamentos que debian haber guiado su juicio, y si el capitan general de Andalucia conde de Clonard , no se hubiera propuesto sacar partido de unas ocurrencias que á nadie acusaban mas que á él mismo.

Por entonces habia visto la luz pública la primera representacion del Sr. conde de Luchana, y reveládose á la nacion el secreto de la profunda enemistad que contra mí abrigaba este personaje prepotente. Mi retirada del servicio hacía su triunfo mas facil y lo consolidaba en cierto modo. El conde de Clonard especuló sobre estas circunstancias, y sin curarse de otra justificacion ni otra prueba que la de mi presencia en Sevilla, lanzó su célebre bando , que para todo hombre de mediano criterio no fue otra cosa sino la traduccion en un acto público y oficial de las rencorosas acusaciones del general en gefe del ejército del norte.

Por este medio creyó el conde de Clonard hacerse grato á la potencia del dia y afianzarse en un mando del que su impopularidad le precipitaba.

El desengaño que mas tarde ha recibido , es una leccion que no deberá ser perdida por los que sacrifican honrosos deberes y sentimientos nobles á cálculos de personal ambicion

El torcido y bastardo giro dado por el ministerio á la causa mandada formar de resultas de los sucesos de Sevilla, me constituyó en la dependencia del mismo capitan general conde de Clonard, que tan parcial enemigo mio acababa de mostrarse, constituyéndose en agente activo de otro enemigo mas poderoso.

Por disposicion del mismo conde de Clonard, se me confinó á la ciudad de Sanlucar de Barrameda, punto al que me apresuré á marchar en cuanto me fué comunicada su orden.

Al poco tiempo de residir alli me fue dado conocer la negra trama que contra mi se urdia.

El general Espartero, que se habia declarado mi enemigo á la faz de la nacion, y que todo lo podia por su influencia y por su poder, pedia contra mí y contra el general Cordova en su segunda representacion la última pena.

El general Alaix, enemigo aun mas encarnizado que el primero, era el ministro de la Guerra, y en calidad de tal reunia en sus manos todo el poder de la corona que podia emplear en mi daño.

El conde de Clonard, ejecutor inmediato de las venganzas de la faccion militar, á la que acababa de asociarse, haciendo de mi inocencia y de mi buen nombre el precio de la proteccion que buscaba, era mi juez; la autoridad en cuyas manos y á cuya dependencia acababa yo de ser entregado. No tardé en descubrir la suerte que me esperaba.

En Sanlucar se ejercia sobre mi persona la mas estrecha vigilancia. Se nombró un gobernador militar con especial encargo de ejercer respecto á mí una policia odiosa. Se notaban las personas que venian á visitarme, se mandó formar causa á los nacionales y patriotas del pueblo que me habian obsequiado dandome una serenata. Se violaba el secreto de mi correspondencia; amigos fieles me advirtieron que peligros mayores me amenazaban de cerca. Pero lo que acabó de revelarme la verdadera situacion en que me encontraba, fue el conocimiento de los manejos que se empleaban en Sevilla para separar mi causa de la de la Milicia de aquella liberal poblacion; los amaños puestos en juego para indisponerme con aquellos de mis amigos políticos, cuya suerte debia ser comun con la mia en la causa; la falta de legalidad de los primeros procedimientos de esta y las irregularidades y exigencias de la autoridad superior militar para que en la sumaria apareciesen cosas contrarias á la verdad, y se diese á las primeras diligencias un curso vicioso.

Cuando me fueron patentes estas intrigas, y

no me cupo duda acerca del uso que del poder y de la fuerza se proponian hacer mis enemigos, resolví no prestarme como materia inerte á servir de juguete á su alevosia.

La tiranía que amenaza á mis conciudadanos y á mi patria, empezaba á descargar sobre mí, y cuando el inútil sacrificio de una vida que muchas veces he espuesto en el servicio público, no podia contribuir á libertar á otros de los riesgos que me amenazaban, creí llegado el caso de mirar por la conservacion de una existencia, que aun abrigo la esperanza de consagrar en beneficio de la *única* causa que he servido, la causa de la libertad española.

La resolucion de espatriarme fué tanto mas cruel para mí, cuanto que ademas de servir de pretesto á las interesadas declamaciones de mis enemigos, hacía embarazosa la posicion de aquellos de mis amigos que habian abrazado con calor mi defensa, pero que no pudiendo juzgar de las circunstancias que impulsaron mi conducta, se vieron de repente ante una situacion no prevista, y que obstruia el camino de la vindicaion legal que esperaban por resultado de la causa.

La esperiencia empero se ha encargado de justificar mi salida de España, y ya no puede caber sombra de duda en el ánimo de mis amigos,

como de mis adversarios, acerca de la cordura de
mi proceder.

La célebre tentativa de *disyuncion* de la
causa de Sevilla, por la que contra la ordenanza y las leyes quiso el Sr. Alaix que se for-
mase un ramo separado para el general Cordova
y para mí, y que á ambos se nos juzgase y sen-
tenciase en Valladolid, y como á las *inmediatas
órdenes* del general en gefe; ha descubierto en un
solo dia el secreto de todo el procedimiento, la
causa y el movil de las imprecaciones y venganzas fulminadas contra ambos en la segunda representacion del señor conde de Luchana.

Sentenciar S. E. en Valladolid á los mismos
á quienes acusaba desde Logroño; tal y no otro
ha sido el objeto del empeño puesto en *dividir*
en dos ramos y hacer fallar en lugares distintos
una causa que las leyes hacian indivisible y sujeta á una misma jurisdiccion.

Si la ilegalidad no ha sido llevada á cabo, si no
han logrado mis perseguidores y los de otro general benemérito, á quien con tanta ingratitud
ha pagado el conde de Luchana los beneficios que
de él recibió, los monstruosos fines que se propo-
ponian, debido es el que no se haya consumado semejante escándalo, á la acrisolada probidad é independencia manifestadas por el supremo tribu-

nal de Guerra y Marina; virtudes que con orgullo insolente se ha atrevido un miuistro á castigar en la persona de dos miembros de aquel supremo tribunal, no menos distinguidos por su ciencia y servicios, que por la merecida reputacion de buenos patricios de que gozan.

Los que han dado al pais este inmoral ejemplo de saña, de injusticia, de parcialidad, ¿á qué escesos no se hubieran propasado teniendo en sus garras á las dos víctimas que se habian propuesto sacrificar?

Yo he debido libertar mi cabeza imperiosamente pedida por un declarado enemigo que disponia al hacerlo de toda la fuerza pública de mi pais, desde el momento en que llegué á comprender que las garantias de la ley, que los medios ordinarios de defensa me serian rehusados, que la administracion de la justicia no seguiria su curso en la causa que se me formaba, sin otro objeto que el de buscar en ella un *pretesto* para deshacerse de mí.

De que en la causa que se me seguia, no regirian ó no se atenderian las disposiciones legales, eran ya prueba suficiente los manejos empleados en las primeras diligencias de la sumaria y el hecho inaudito de constituir en mi juez á uno de mis acusadores, al conde de Clonard, parte ademas en el mismo proceso; pero aquella prueba ha sido completada por mis perseguidores de una manera tan auténtica, que para esplicar la causa y el fundamento de mi salida de España, basta traer á la memoria la brutal destitucion de los Sres. Olózaga y Sancho.

Las esplicaciones que acabo de dar respecto á los motivos de mi espatriacion, no eran ya necesarias para la mayoria de mis conciudadanos. En su razon y en su conciencia, los españoles me han absuelto de los imaginarios crímenes que el furor de un enconado enemigo, lanzó contra un liberal cuya firmeza le hacía sombra, de un soldado cuyo desvelo por el servicio pùblico llegó á irritar la probada indolencia del que con tan inmensos recursos á la mano, tan escasos resultados ha dado á la causa nacional.

Pero yo no he debido consentir en deberlo todo á la imparcialidad y buen juicio de mis conciudadanos; mi inocencia tenia derecho á que la justicia entrase por algo en la buena opinion que de mí han formado.

El anhelo de conservarla me pone en la obligacion de desmentir aquí especialmente y de la manera mas solemne una falsedad notable, una calumnia evidente que en ambas representaciones estampa el conde de Luchana.

En ellas ha insinuado terminantemente que yo obraba bajo el influjo de una sociedad que denomina de *Jovellanos*.

Los que tengan de la existencia de semejante asociacion las pruebas de que yo carezco, sabrán que no falto al honor negando el haber jamás pertenecido á ella, ni á compromisos de ninguna clase, reprobando su objeto, si, como se asegura, el que tiene ó haya tenido esa sociedad es contrario al desarrollo mas lato del principio de libertad.

Las mismas personas serán los mejores jueces de si el condé de Luchana se halla en el caso en que yo me encuentro; ó si despues de haberse servido, como lo ha tenido de costumbre, de esa y de otras sociedades secretas para fines que las leyes y la ordenanza reprueban, ha incurrido en el feo borron de delatar á los mismos con quienes antes ha conspirado.

Partidos desgraciadamente hay en España enconados los unos contra los otros, cuando debieran reservar su saña contra los enemigos de la libertad. No negaré que conozco y he tratado á varios de sus gefes, y que estos me han buscado á veces para que coopere á sus fines. El que entre ellos pueda afirmar que yo he dado oidos á planes dirijidos á conspirar contra el gobierno constitucional, à menoscabar los fueros de la nacion, à empléar la fuerza pública puesta à mis órdenes, à hacer triunfar por la violencia ó el amaño particulares opiniones, en ese reconoceré el derecho de acusarme.

Si un solo hombre de probidad eleva su voz en el pais para desmentirme, yo autorizo á mis conciudadanos à que le den crédito.

La impavidez del conde de Luchana en tachar de conspiradores à los que mal quiere, es solo esplicable por la disposicion que el que ha recurrido à medios vedados para elevarse tiene en suponer que otros serán capaces de emplear las mismas intrigas.

Yo he tenido siempre bastante confianza en mi espada y en la generosidad de mis conciudadanos, para librar en mis leales servicios y en el cumplimiento de mis deberes, el cuidado de una ambicion hasta ahora satisfecha y siempre cifrada en háber conducido á término feliz todas las empresas que mi patria me ha encomendado.

Mi enemigo y mi calumniador está ahora en la palestra, dueño absoluto del mas hermoso campo que jamás pudo presentarse á la honrada ambicion de un general amante de su patria.

Las tropas que manda son las mas aguerridas y bizarras que en el dia cuenta la milicia euro-

pea: su número es mas que suficiente para ob-
tener del enemigo ventajas decisivas y conducir á
término los males de la patria. Los recursos que
la nacion está prodigando para el mantenimiento
de su brillante ejército, bastarian á llenar todas
las necesidades de este, si manos puras y económi-
cas distribuyesen los fondos y las subsistencias des-
tinadas á nuestros ejércitos.

Ocasion se presenta al conde de Luchana para
probar al mundo que su fama no es usurpada, y que
es esforzado y hábil guerrero : para acreditar con
hechos positivos, con resultados importantes que
el poder y la supremacia de que tan celoso se mues-
tra, sabe emplearlos en hacer triunfar la causa que
tiene obligacion de sacar vencedora, puesto que
monopoliza y absorbe todas las fuerzas de que ella
puede disponer.

Pero á mi deberá bastarme el haberme justi-
ficado á los ojos de los españoles, de los liberales
sinceros ; en cuyo ánimo han podido causar im-
presion las interesadas calumnias de que he sido
objeto.

Para mis adversarios y para mí está abierto el
juicio que han de fallar la conciencia y la justificacion del pais.

Correspondan las obras á las palabras de los
que por envidia han querido cerrarme el camino

de gloria, que desde temprano busqué en las lides contra los enemigos de la libertad. — Y no será seguramente por carecer de una posicion ventajosa por la que se les escapará la victoria.

Ellos mandan en España, desde el alcazar regio hasta la mas despreciable fortaleza: ellos tienen poder, bayonetas, influencia y oro; todo se ha postrado á sus pies; yo me encuentro solo en tierra estrangera, perseguido, calumniado, sin campo donde combatir, sin medios de oponer la menor resistencia al torrente de su poderío.

A ellos toca vencer á D. Cárlos y tremolar victoriosa la bandera de la libertad.

Si uno y otro fin consiguen, yo les perdono su persecucion y su saña.

Si son esforzados, ese seria el modo de vencerme.

Pero mi venganza está confiada á quien sabrá dármela completa. — La conducta militar del conde de Luchana, el estado en que se encontrará la guerra antes de un año, si acontecimientos europeos no vienen á influir en nuestra suerte, será la mejor y la mas victoriosa apologia de mis palabras.

El conde de Luchana ha hecho grandes esfuerzos para impedir que llegase el momento en que se me confiára un puesto militar importante. Yo menos susceptible y receloso que S. E. lo veo con placer colocado en la posicion que ocupa.

En ella debe pronto ponernos á todos en situa-cion de reconocer si S. E. es el hombre llamado por la providencia para darnos por medio de *las armas* LA PAZ POR QUE SUSPIRA LA NACION (1).

TANGER á 16 de abril de 1839.

---

(1) Primera representacion del conde de Luchana á S. M.

APÉNDICE.

—

Documento numero 1.

Real órden previniendo al general Narvaez, que inmediatamente reuna todas las fuerzas del ejército de reserva y
evacue la Mancha, dirigiéndose á Castilla la Vieja, y concen-
trando las tropas en Segovia, para empezar las operaciones
contra las facciones que *se decia* haber invadido aquel pais.
Segun esta Real órden no debian quedar en la Mancha otras
fuerzas que las que primitivamente pertenecian al distrito de
Castilla la Nueva; y el capitan general de Estremadura debia
venir á tomar el mando de ellas,

Documento numero 2.

EJÉRCITO DE RESERVA DE ANDALUCÍA.—Secretaría de
Campaña.— Exmo. Sr.— Por estraordinario contesté á V. E.
á las reales órdenes que del mismo modo se me dirigieron para
reunir el ejército á cuya cabeza me hallo y pasar con él á Castilla. A las 3 de la madrugada de ayer tuve el sentimiento de re-
cibirlas, y en el momento dicté las órdenes y providencias conve-
nientes para reconcentrar las tropas, y ponerlas en disposicion
decumplir con los mandatos del Gobierno. A esta hora se hallan
en marcha el batallon de la guardia Real, situado en Mora para
Ocaña; los 616 quintos que han de ingresar en dicho cuerpo,
dormirán esta noche en puerto Lápiche para dirigirse al mismo
punto; el 3.er batallon de Céuta pernoctará en Madridejos, y

en el mismo punto he mandado reunir toda la fuerza de caballería del 3.º ligero; el batallon del general está así mismo disponible y las brigadas recogiendo todas las guarniciones para emprender su movimiento, y solo espero la resolucion definitiva de S. M. para que lo verifiquen sin ninguna demora, y mientras llega esta estarán reconcentradas en el mayor número las tropas para marchar á donde se órdene; á cuyo efecto me he trasladado á este punto para dar impulso y actividad á la operacion.

Al ver malogrados todos los esfuerzos que he hecho hasta el dia, contemplando por otra parte la inutilidad de los inmensos sacrificios que de todas clases se han originado para llegar al caso en que hoy se encuentra la Mancha; lo infrutuoso de los trabajos y penalidades de estas tropas para asegurar la paz en esta provincia y la de Toledo y la destruccion de los adelantos, que tanto en la opinion de los habitantes como en lo material de las facciones se habia alcanzado; no he podido menos de afectarme con estremo y deplorar con el mas amargo sentimiento una calamidad tan intensa como irreparable, y mucho mas cuando me prometia por mis calculos, disposiciones y medios útiles con que contaba, dejar libres de enemigos ambas provincias en el limitado tiempo de un mes; con mas solidez y seguridad que en los tiempos en que gozaban de los beneficios de una paz constante y cimentada: todo me consterna y aflige E. S. al mirar despedazado en un solo dia el fruto de tantos desvelos, sinsabores y compromisos; tanto mas, cuanto que estoy dando cnmplimiento á las órdenes del Gobierno con el íntimo convencimiento de que son perjudicialisimas y ruinosas á toda evidencia; no al limitado pais de la Mancha, sino á lo mas sagrado para España; á la causa del trono de Isabel ii, y la libertad de la patria: el tiempo hará conocer á V. E. que no fundo en vano mi presentimiento y siento remitirme al testimonio del tiempo porque el desenlace será fatalísimo, y no dude V. E. que cuando se llegue á aquel estremo ya no hay remedio, ya no puede enmendarse porque la enfermedad llega al último grado de intensidad , y no hay poder humano que salve al cuerpo doliente del Estado de sepultarse entre las ruinas de la libertad , arrastrando en su caida el trono de una inocente Reina, victima de los desaciertos de todos los que han dirigido la suerte de la nacion.

Mis padecimientos contínuos, mi quebrantada salud, mis afecciones morales. todo se empeora notablemente de dia en dia; de manera que temo no poder continuar hasta tanto que el Gobierno determine el gefe que me ha de reemplazar : en este concepto ruego con todo encarecimiento á V. E. lo decida con toda prontitud ; en inteligencia que no me es posible seguir al frente de tan penoso cargo, porque mis dolencias se han hecho graves , y me impiden desempeñarlo como exige el bien de la nacion : ademas , que conviene muchísimo al servicio relevarme, en atencion á que desaprobando mi razon las órdenes que tengo que ejecutar, aun cuando mientras esté en el destino, haré cuanto pueda para cumplir con exactitud lo que se me prevenga ; la falta de inteligencia que tengo, ha de producir inexactitudes que tanto importa el evitar: finalmente E. S. considero tan útil y preciso á la causa nacional , mi separacion hoy del encargo que me ha cometido el Gobierno, que prefiero hasta la pérdida de mi empleo á continuar en él ; y en su virtud suplico á V. E. incline el ánimo de S. M., para que tengan efecto mis deseos; porque refluirán en bien del Gobierno y de la causa pública.

Dios guarde á V. E. muchos años. Cuartel General en Daimiel 13 de setiembre de 1838.

Excmo. Señor.

R. M. NARVAEZ.

Exmo .Sr. Secretario de Estado y del Despacho interino de la Guerra,

Documento numero 3.

MINISTERIO DE LA GOBERNACION DE LA PENINSULA.— *Muy urgente.*—Excmo. Sr.—Acabo de recibir aviso del Secretario del gobierno Político de esta provincia, manifestando que en este momento se prepara una bullanga. De Real órden lo aviso á V. E. para su inteligencia y efectos correspondientes.—Dios guarde á V. E. muchos años. Madrid 28 de Octubre de 1838.

VALLGORNERA,

Sr. D. RAMON MARIA NARVAEZ.

Documento numero 4.

EJERCITO DE RESERVA DE ANDALUCIA. — E. M. G.— Excmo. Sr.—La segunda brigada de la 1.ª division de infantería de este ejército acantonada en Ballecas y Vicalvaro, tiene órden mia de marchar por el camino derecho á esa córte; deteniéndose á poca distancia de la puerta de Atocha el batallon de granaderos del General; la batería y la compañía de Zapadores viencu de Fuencarral á reunirseme aqui, lo mismo toda la caballería, y la 1.ª brigada acantonada en ambos Carabancheles ha tomado las armas y está pronta para marchar.— Espero de V. E. se servirá avisarme con prontitud y oportunidad si S. M. ha determinado que yo entre en Madrid con tropas, y á qué hora, ó cualquiera otra medida que yo deba ejecutar.—Dios guarde á V. E. muchos años. Cuartel general de Carabanchel á las siete y media de la noche del 28 de Octubre de 1838.

Excmo. Sr.
RAMON MARIA NARVAEZ.

Excmo. Sr. Secretario de Estado y del Despacho de la Guerra.

Documento numero 5.

MINISTERIO DE LA GUERRA.— Exmo. Sr. — S. M. la Reina Gobernadora ha visto con el mayor sentimiento que la falta de salud no le permite á V. E. continuar por ahora, á la cabeza de las tropas que con tanta inteligencia, actividad y celo ha logrado organizar, instruir y disciplinar en tan corto tiempo, que casi ha sobrepujado á las esperanzas que se habian concebido. Apreciando S. M. la conservacion de V. E. por los dias de gloria que puede proporcionar á la patria y al sosten del Trono de su augusta Hija, desea vivamente el total restablecimiento de la salud de V. E., y ha tenido á bien acceder á su peticion, para que interin se preparan los medios necesarios para la formacion del ejército de reserva, pueda V. E. dedicarse al cuidado de su salud; esperando que en el momento de hallarse en disposicion de contribuir con sus servicios á la causa nacional, no retardará V. E. el presentarse de nuevo entre los valientes á quienes tantas veces ha sabido conducir á la victoria, y darles repetidos ejemplos de sumision á las leyes, amor al órden, y adhesion firme al trono de su excelsa Hija.—De Real órden lo digo á V. E. para su inteligencia, y á fin de que, como S. M. se ha servido prevenirlo, al encargar V. E. del mando de la division que está en las cercanías de esta capital, al gefe á quien corresponda, le pueda dár V. E. las instrucciones necésarias. — Dios guarde á V. E. muchos años. Madrid 31 de octubre de 1838.

HUBERT.

Sr. Mariscal de Campo D. RAMON MARIA NARVAEZ.

ESTRACTO

DE LA SESION DEL CONGRESO DE SRES. DIPUTA-DOS DEL DOMINGO 23 DE DICIEMBRE DE 1838.

—

DISCUSION DEL DICTAMEN DE LA COMISION SOBRE LA AUTORIZACION PEDI-DA POR EL GOBIERNO PARA FORMAR CONSEJO DE GUERRA A LOS GENE-RALES CÓRDOVA Y NARVAEZ.

Se leyeron tres dictámenes de esta comision, de los cuales era el primero que se concediese al gobierno la autorizacion pedida; y los otros dos que á pesar de los documentos presentados por los generales Córdova y Narvaez y por el gobierno á consecuencia de la reclamacion de 13 del que rige, no encontraba la comision motivo para variar la opinion consignada en aquel dictámen, ni para que la discusion del mismo se difiera.

El Sr. CEBALLOS: Señores, la cuestion que en este momento ocupa al Congreso es muy importante. Se trata de la aplicacion de un artículo constitucional que asegura la inviolabilidad de los diputados en sus opiniones y en su persona, porque es necesario esta inviolabili-dad en las opiniones y la seguridad en las personas para que puedan con independencia reclamar contra los actos que puedan perjudicar los intereses de sus comitentes. Yo, señores, voy á entrar en la cuestion probando al Congreso hasta la evidencia, que el gobierno de S. M., obrando de la manera que en este asunto lo ha hecho, se ha escedido de sus facultades; ha faltado á su deber; es decir, ha infringido la Constitucion en uno de sus artículos.

Será muy oportuno leer el artículo constitucional (*leyó el 42.*) Este artículo, señores, como el Congreso acaba de oir, tiene dos partes; de la última no se puede tratar por la razon de que al tener lugar los sucesos de Sevilla, las Córtes estaban abiertas.

En la capital de Andalucia, señores, bien fuese porque allí hubie-se deseos de bullanga, bien porque las imprudencias del gefe la provo-páran, lo cierto es que hubo una asonada. Como sucede en casos de esta naturaleza, los pueblos que se ven en circunstancias tales, acude á los hombres que puean salvdarlos, y se formó una junta, para la que fueron nombrados tres diputados; pero no tratandose en este dictámen mas que de dos de ellos, yo tampoco hablaré del diputado Alvarez, contra quien se han cometido por el conde de Clonard mas ilegalidades, que por el gobierno se han cometido contra los señores Córdova y Narvaez; no hay mas diferencia sino que las ilegalidades contra Córdova y Narvaez han procedido del gobierno, y las otras del conde de Clonard.

Digo que se nombró esta junta, y todos sabemos el desenlace de tales ocurrencias, que hubo, hasta si se quiere, transaciones; yo no me refiero mas que á lo que he leido en los periódicos de aquella capital. Hubo transaciones de parte á parte; transaciones que luego no se han cumplido, pero no es este mi objeto. Viniendo el general Córdova á Madrid, fue detenido por un correo gabinete en Manzanares, y no sé si se le mandó permanecer en aquel punto ó se le fijó otro. Al general Narvaez se le hizo igual comunicacion para que fuera á otro punto, y ademas parece que comunicó órden para formarles causa. Aqui entran las infracciones de ley que ha cometido el gobierno, infraccion de ley respecto al sentido literal del artículo. Dice este: " Los diputados y senadores no pueden ser arrestados sin prévio permiso del cuerpo respectivo. " Se me dirá que no han sido arrestados; es verdad no han sido arrestados en el sentido jurídico; pero ¿se ha coartado su libertad? Sí, porque á ambos se les ha fijado el punto donde han de residir; aqui ha habido una coartacion de libertad, y esto es lo que prohibe el artículo, aunque no se ha cometido esa materialidad de llevarlos á la cárcel como al diputado Alvarez.

Señores, el delito de que se acusa á estos diputados, no es un delito comun, es otra cosa, es un delito de los que se dicen políticos, de aquellos que no estan definidos, y por consiguiente no pueden estar comprendidos en este artículo por la misma razon de que no es un delito definido. Quizá podrá resultar que estos diputados hicieron un bien inmenso á la causa pública, á pesar de que al parecer se cree que han faltado á su deber. Ademas, señores, estos diputados no han sido cogidos *infraganti*, porque debian haberlo sido en el momento de en la junta, y los actos del gobierno han sido posteriores; por consiguiente no puede haber lugar¡á esta escepcion de la ley "de cogido *infraganti.*"

Sañores, ahora voy á oponerme al dictamen de la comision. Esta en mi juicio, señores, ha debido notar que á pesar de que el Congreso está persuadido de la infraccion manifiesta que se ha cometido, se dá el permiso. La comision únicamente dice, que se debe conceder la autorizacion, y yo quisiera que la comision dijera: el gobierno se ha excedido, el gobierno ha faltado á su deber, no que se le exija la responsabilidad, porque eso mismo yo puedo hacerlo, con el objeto de poner á cubierto un artículo constitucional, y el decoro del Congreso, porque toda vez que está interesado el decoro de un diputado, se puede decir que está el del Congreso; yo quisiera por esta razon que la comision añadiera esta idea: "que el gobierno ha faltado á su deber."

El Sr. SANCHO (de la comision.) El señor Ceballos propiamente hablando no ha atacado el dictámen, sino que ha agregado una cuestion mas á la que la comision ha puesto. La comision se ha contentado con informar sobre el punto que se le ha pasado; el gobierno ha pedido la autorizacion que la Constitucion exige para proceder desde luego contra dos diputados, se ha pasado á la comision, y esta presenta su dictámen reducido á proponer: "que debe darse ese permiso.'

El Sr. Ceballos supone que la Constitucion se ha infringido y que debe exigirse la responsabilidad al gobierno. Seria, señores, una cosa muy particular que el congreso digera que se habia infringido un artículo constitucional y que no se exija la responsabilidad; desde el momento en que se halla infringido un artículo, es necesario exigir la responsabilidad al gobierno; ¿y podemos nosotros exigirla sin oir al que se acusa? Asi la comision cree que no era de su incumbencia decir que se ha infringido la Constitucion, ¿y cómo era posible que nosotros dijéramos que un ministro habia infringido la Constitucion sin oirle antes? De consiguiente, señores, los diputados tienen espedito su derecho para decir: "en atencion á que yo creo que el gobierno ha faltado á tal artículo de la Constitucion, porque los diputados han sido procesados faltando á las formalidades que se debian exíjasele la responsabilidad." La comision no podia entrar en eso, y por lo mismo se ha contentado, sin entrar en la cuestion, con decir: concédase la autorizacion pedida porque el gobierno la pide para formar causa sobre una cosa que todo el mundo sabe, asi como tambien que dos diputados parece que han tomado parte en ese suceso. y ademas que ese suceso á la vista parece tambien criminal; despues el gobierno á estos diputados los sujeta á su fuero militar que es un consejo de guerra; la comision no puede salirse de aqui.

Dice el Sr. Ceballos si estos diputados han sido ó no cogidos infraganti. Señores, la comision no emite su voto en esta materia, por que no puede emitirle en mi opinion, porque se prejuzgaba hasta cierto punto una cuestion sometida al fallo de un tribunal, y el Congreto debe abtenerse mucho , muchisimo de esto.

Asi la comision no sale de estos tres puntos. Primero si ha habido en Sevilla una cosa que parece delito, no que lo sea , porque basta que parezca que lo hay , pues que eso es lo que se llama *cuerpo de delito.* Segundo, que dos diputados parece han tomado parte en esa cosa que se llama delito; los generales Córdova y Narvaez pueden haber hecho un grande servicio al Estado , pero resulta por los documentos que á la comision se le han pasado que estos dos señores tomaron parte en aquellos sucesos; por consiguiente , hay necesidad de que se forme causa ; luego debe sujetárseles al consejo de guerra. .

Para la comision está la cuestion lisa y llana, y protesto que de este terreno no se la sacará. La comision no se meterá en cuestiones personales de ninguna especie ; no la toca decir si ha habido ó no criminalidad , y el Congreso debe ser sumamente circunspecto en esta parte, porque su opinion es de mucho peso, y seria un mal anticiparla sobre un punto que está pendiente de los tribunales. En esta cuestion no dirá la comision mas de lo que yo he dicho que me parece basta y sobra.

El Sr. CEBALLOS: Yo, señores , estoy muy de acuerdo con lo manifestado por el señor Sancho ; pero me fundaba al pedir fuese mas esplícita la comision en un antecedente de este mismo Congreso. El gobierno de S. M. presentó un proyecto para la quinta de 40,000 hombres, la comision dió su dictámen diciendo , que el gobierno se habia escedido por esta ó la otra razon, y al mismo tiempo concedió la quinta ; pero antes dijo, que el gobierno habia faltado.

El Sr. CARRASCO (D. Juan): Deseo se lea la autorizacion pedida por el gobierno para formar causa al señor Mendizabal , el dictámen de la comision y la resolucion del Congreso.

El Sr. PRESIDENTE: Mientras vienen esos documentos que se hallan en la secretaría continúa la discusion.

El Sr. BORREGO: No pensaba , señores, ocupar tan pronto la atencion del Congreso ; hubiera deseado adquirir mas práctica en las deliberaciones de un cuerpo en el que acabo de tener la honra de entrar ; mi inesperiencia , y lo digo sin reticencia de ninguna especie, necesitaba fortificarse con la enseñanza de tanto veterano legislador como en el Congreso puede ser y aceptaria por maestro , pero circunstancias particulares me han puesto en el caso de adquir en este asunto datos especiales y una conviccion profunda , y he creido llenar un deber hácia el Congreso esponiéndolos . por remota que sea mi esperanza de que las observaciones que haga puedan influir en su deliberacion.

He pedido la palabra en contra del dictámen de la comision, y debo decir á los señores que la componen, que mi ánimo no es impugnar su parecer, sino únicamente referir los hechos y poner al Congreso en el caso de formar una opinion en vista de datos, que no creo tengan todos los diputados, ni haya tenido la comision al dar su dictámen.

La autorizacion que el gobierno pide para formar causa á dos generales miembros de este cuerpo, y principalmente los hechos que han dado lugar á pedir esa autorizacion, son de tal gravedad, que no creo posible que el Congreso se ocupe de este asunto ligeramente. Con relacion al hecho lamentable de haber ocurido en Sevilla una commocion, y haberse erigido alli una autoridad estralegal, el asunto es de tal naturaleza que afecta la seguridad y el decoro del gobierno, objetos que no pueden ser indiferentes al congreso; en consecuencia el gobierno ha pedido la autorizacion para formar causa sobre esos sucesos, ó por mejor decir, para averiguar y en su caso reprimir actos que no creo encuentren apologistas en ninguna asamblea de legisladores. Pero á la consideracion de órden público que á primera vista recomienda dar al gobierno la autorizacion que pide, se agrega, señores, otra que no podrá menos de ser mirada por el Congreso como de primer órden. Se trata señores, de declarar que dos diputados de la nacion, que se han puesto en el caso de que se dude de la rectitud de sus opiniones, han dado lugar á que se les forme causa; asuntos de esta clase se llaman en otros paises regidos por formas de gobierno análogas á el que aqui tenemos, una cuestion de *privilegio* ó sea de *fuero* parlamentario, y asuntos de esta clase no creo puedan ser indiferentes á los que tienen mision de representar á los pueblos, y estan obligados á mostrarse muy celosos de los derechos y de las prerogativas que para llenar mejor su encargo les ha conferido la ley.

La Constitucion declara en su artículo 42 que, ínterin las Córtes esten reunidas, no se podrá formar causa á algun diputado ó senador sin prévia autorizacion del cuerpo á que pertenezca, á no ser hallado *infraganti*. Este último caso, y aqui entra la aplicacion de la doctrina sentada con mucha oportunidad por el Sr. Ceballos, sobre si esta escepcion no pueda entenderse, como yo creo, sino respecto de los delitos comunes; voy á esplicar esta idea.

El diputado que cometiera una muerte ó cualquiera crímen de esta especie, no hay duda que podrá ser preso en el acto ó serlo despues con solo mandamiento de su juez ó de otra autoridad competente; pero en materias políticas y tratándose de la conducta de un diputado habria un gravisimo inconveniente en dejar á la calificacion de la autoridad la conducta del diputado. Los delitos políticos para calificarse, necesitan ser examinados, ¿con cuánta frecuencia si no, sucede que lo que á primera vista parece un crímen, despues de examinado se considera como un acto meritorio?

Pero aqui, señores, se nos presenta una cuestion que yo creo de mucha importancia; ¿deberá el Congreso segregar de su seno á uno de sus individuos siu oirlo, sin escucharlo, sin llenar esta formalidad que á la vez recomienda la justicia y el ejemplo de lo que se practica en otros paises de los que hemos adoptado muchos de los principios de gobierno? El reglamento, en el artículo único en que habla de la manera como se entiende el 42 de la Constitucion, dice que antes de conceder la autorizacion para que se proceda contra ellos, se oirá el dictámen de una comision, pero el reglamento nada dice respeto á si deberán ser oidos estos diputados. Este silencio del reglamento que nada prueba en contra, está suplido, señores, por un precepto que se halla subentendido en todos los códigos, en todas las leyes, en todos los reglamentos que rigen á las sociedades humanas. Este precepto, señores, es la *equidad*. Me hago cargo que no siempre será posible llenar esta formalidad; pues en los casos de enfermedad de los acusados ó de imposibilidad material de presentarse, el curso de la justicia se detendria, lo que no podria sancionar el Congreso. Pero este inconveniente no le encontraríamos si á los acusados se les señalara un término para que en él alegaran lo que creyeran conveniente sobre los hechos de que eran acusados.

He entrado, señores, en estas esplicaciones, no tanto para reclamar su estricta observancia en este momento, porque en cierto modo aunque no se ha llenado una de las formalidades que he indicado de conceder un término á los acusados para que aleguen lo que tengan por conveniente, parece se ha suplido esta fórmula con la lectura de las esposiciones dirigidas al Congreso por los señores Córdova y Narvaez; pero he hecho estas observaciones, no solo para este caso sino para lo futuro; y para que sobre este punto, en mi concepto muy importante, no quepan dudas ni interpretaciones, ruego al Congreso me permita formular mi opinion en términos claros y precisos.

Creo primeramente, que tratándose de *hechos políticos* no ha lugar al *infraganti* para forma causa á los diputados sin prévia autorizacion del Congreso.

2.º Que antes de conceder esta autorizacion deben ser oidos los diputados contra quienes deba precederse, bien sea presentándose ellos personalmente, bien fijándoles un plazo para que espongan cuanto á su derecho convenga.

Esta es mi opinion, señores, y la cosigno aqui formalmente por si algun dia llevado por afecciones de cualquier género la olvidase, que me pueda ser echada en cara.

Desembarazado de estas dos cuestiones preliminares, voy, señores, á entrar en el dominio de los hechos, y creo que mi tarea será fácil porque siempre lo es servir de órgano á la verdad.

El dia 14 de noviembre estalló en Sevilla una commocion popular, y de sus resultas las autoridades civil y militar hicieron renuncia y se erigió una junta, á cuya cabeza se nos ha dicho que se encontraba un general de mérito, diputado en este Congreso por la provincia de Navarra. Las consideraciones que pusieron al Sr. general Córdova en el caso de aceptar el espinoso encargo que ejerció en aquellos dias, han sido elocuentemente espuestas por él mismo en los diversos escritos que han visto la luz pública, y en particular en una representacion que el mismo general ha dirigido al Congreso, y creo que todos y cada uno de los señores diputados estarán en el caso de juzgar acerca de la situacion en que se encontró aquel general. Pero el dictámen de la comision comprende tambien á otro diputado, el cual nada ha dicho hasta ahora para esplicar su presencia en Sevilla, mas que lo que resulta de un modesto escrito, que ruego al señor presidente tenga la bondad de mandar leer. (El señor secretario leyó una esposicion del general Narvaez al Congreso.)

Señores, la situacion del diputado, cuya esposicion acaba el Congreso de oir, y cuya defensa en este sitio creo que nadie estrañará que tome sobre sí la humilde persona que en este momento tiene el honor de dirigirse al Congreso. Su posicion particular y las circunstancias en que se encontró, constituyen un caso enteramente escepcional, sobre el cual voy á presentar al Congreso los datos y comprobaciones que están á mi alcance; pero antes tengo que implorar la indulgencia del Sr. Presidente y de todos los señores diputados, para hacer una esposicion de otros hechos anteriores que procuraré sea lo mas corta posible.

La persona de cuyo honor se trata en este momento es un diputado de la nacion, y antes que esos sucesos tuvieran lugar, se encontró en Madrid figurando en unas ocurrencias sobre las cuales nada ha hablado ni ha dado esplicacion alguna. El general Narvaez pensaba dar estas esplicaciones al Congreso, y me parece que este será el momento mas oportuno para hacerlo, porque hay una conexion íntima entre la conducta que el general Narvaez observó despues de su sa-

lida de Madrid, y lo que observó en los últimos dias de su permanencia en esta capital. He dicho que voy á hablar de los sucesos
del 28 de octubre, y voy á hacer una esposicion de los hechos en la
parte que tienen relacion con el general, la cual será tan completa
que hará caer todos los comentarios y tergiversaciones que sobre su
conducta en aquellos dias han querido propalar los intereses y las pasiones. El 28 de octubre iba á salir el general vestido de paisano, no
creyendo que aquel dia tuviera que ocuparse de ningun asunto del servicio, cuando recibió la siguiente comunicación. (Documento número 3.)

Seguramente el señor ministro de la Gobernacion estaba muy auto-
rizado para dirigir al general una real órden, pero esta no era bastan-
para el general, el que pasó inmediatamente á la secretaría de la Guerra á recibir órdenes del ministro de este ramo.

Aqui el orador refiriéndose á una carta del general Narvaez que
tenia en la mano leyó el parrafo siguiente.

" Este me aseguró lo mismo que de oficio se me habia dicho por
el señor Valgornera, añadiéndome que convendria tomar providencias
para contener las maquinaciones de los perturbadores del órden y aun
prevenir un golpe de mano; me fui á mi casa á disponerme para
pasar á los cantones de mis tropas, y tomar las primeras providencias,
pasé á ver al capitan general para ponerme de acuerdo en todo y ver
lo que debiamos hacer. Le dije me iba á los cantones y le dejé varias
ordenanzas montadas con el fin de que nos entendiesemos con prontitud en cuanto ocurriese."

Aqui, señores, fui yo testigo presencial, y no necesito referirme
á su escrito.

Al llegar el general á su alojamiento, encontró en él á dos empleados de policía, los cuales le dijeron que el momento en que iba á tur-
barse la tranquilidad pública se acercaba, y que se trataba de asesinar
á una porcion de personas que le indicaron. Se vistió de uniforme y se
preparaba á marchar cuando llegaron uno ó dos oficiales, que le par-
ticiparon que se habian hecho tentativas para seducir á sus tropas. Los
avisos del gobierno los habia recibido con la veneracion debida, mas no
les habia dado tanta importancia; pero esto último le llamó mucho la
atencion, montó inmediatamente á caballo, corrió á sus cantones,
reunió sus oficiales, y les exhortó á que se mantuviesen fieles al gobierno, y fuesen tan constantes y firmes en mantener las leyes, como lo
eran delante del enemigo. Constituido el general en el canton donde
pasó esta escena, oficó al señor ministro de la Guerra en los términos
siguientes: (Documento número 4.)

Señores, continuó el orador, el general al tenor de estas órdenes tenia dos objetos que llenar ; tener sus tropas en disposicion de obedecer las órdenes del gobierno para emplearlas oportunamente, y al mismo tiempo no tomar ninguna medida que pudiera alarmar á la poblacion. Lo que hizo fue venir con sus tropas al puente de Toledo, y como las escuchas colocadas en las tres puertas que se le habian indicado no podian servirle de nada si no ponia medios de comunicacion entre ellas y las tropas, estableció un corto piquete en lo esterior de cada puerta, con el resto de la fuerza permaneció en el puente de Toledo y sus inmediaciones. El único punto donde, no por órden suya, sino por una de aquellas cosas que no pueden evitarse, hubo algo mas, fue que los soldados que estaban en la parte esterior de la puerta de Segovia entraron dentro de ella á beber en una taberna. Cumplió, pues, el general las órdenes del gobierno, y no hizo mas que cumplirlas exactísimamente, y estuvo muy distante de amenazar, como quiso suponerse, el sosiego público y la seguridad de la capital.

Tales son, señores, sencillamente esplicados, continúa el orador, los sucesos del 28 de octubre que se han querido hacer aparecer como efecto de una gran conspiracion é intriga. El Congreso podrá juzgar si la conducta del general ha sido ó no en esta ocasion tan patriótica y pura como en todas las de su vida.

Despues que el general Narvaez dió aquella noche estos pasos, y al dia siguiente presentó su dimision, en lo que hizo un sacrificio que el tiempo sabrá apreciar, y que la opinion habia recompensado en su imparcial justicia, si sucesos que no podia preveer ni calcular quien tan ageno se hallaba de toda mira capaz de turbar el sosiego de su patria, no hubieran venido á crear compromisos, compromisos que un ambicioso hubiera seguramente evitado y en los que solo ha podido incurrir un patriota que no ha calculado ante la idea de evitar males á su patria y de poner un dique á las desgracias que cerca de sí amenazaban.

El general Narvaez salió de Madrid el dia 2 de noviembre para Loja, y se detuvo en Córdoba á procurar el pago de unas obligaciones de que personalmente se habia constituido responsable, á favor de un constratista que le habia suministrado caballos para el ejército de Reserva. Los sentimientos que en aquella época animaban al general y el pensamiento político que le ocupaba respecto á los negocios públicos, se ven bien espresos en las conversaciones que tuvo con las autoridades de Córdoba, conversaciones públicas y que tuvieron por testigos centenares de personas. El lenguage que salió de su boca fué tan esplícito y dará tanta luz al hilo de estos sucesos, que ruega al Congreso me permita leer alguna parte de ellas.

" Es forzoso trabajar (dijo): todos los españoles deben hacerlo provecho y ventaja de su pais: ni las Córtes por sí solas, ni un ministerio cual se desea, ni un general, ni muchos generales, son suficientes cada uno de por sí para salvar la nacion: todos los liberales, todos los hombres que amen su patria deben trabajar cada cual en su cuerda, y la suma de estos trabajos, el producto que puede resultar de todos estos esfuerzos, ese será el que asegure el trono de nuestra Reina y la libertad nacional."

En esta disposicion de ánimo, salió el general de Córdoba para Loja á las doce de aquella noche, y hallándose en la Carlota, se le presentaron como el Congreso ha oido en esa esposicion, D. Manuel de la Cortina, segundo comandante de la Milicia nacional de Sevilla, con otra persona de la misma ciudad, los cuales le traian un mensage de las autoridades de aquella capital, y una carta particular del general Córdoba, manifestándole que en el estado en que se hallaban los ánimos se estaba en peligro de correr la sangre en Sevilla, y las autoridades no creian tener bastante ascendiente moral para calmar los ánimos y restablecer la paz, y que en consecuencia invitaban al general á que fuese á Sevilla á ayudarles á restablecer el órden. El general Narvaez (y pronto tendré ocasion de invocar un testimonio nada sospechoso) se rehusó, y dijo que él iba á Loja y no se mezclaba en nada; pero cuando los dos comisionados, deponiendo el carácter de mensageros de las autoridades, tomaron el de ciudadanos y vecinos de Sevilla, y le hicieron presente que todos los males que amenazaban á tan hermosa ciudad se disiparian con su presencia, porque tal era su influencia que todos los partidos se calmarian y que á su voz volverian con ella las cosas al órden legal; entonces, señores, el general Narvaez, olvidándose de sí propio y no pensando sino en los intereses del pais, fué á Sevilla, y repito que se olvidó de sí propio y del arma que iba á dar á sus enemigos. Existen señores, testigos presenciales, personas respetables de la provincia que oyeron las espresiones que usó el general al anunciar su resolucion de ir á Sevilla.

"Voy á dar (dijo á los que le oian) al pueblo de Sevilla la mayor prueba del afecto que le profeso. Mi posicion es tan crítica, que solo por su bien la voy á poner á prueba. Tengo enemigos muy fuertes, que han profetizado ideas que tales circunstancias acaso les den apariencias de verdad. Sin embargo, 180,000 almas valen mas que mi opinion, y cualquiera que ella sea, yo debo esponerla por conseguir su bien y su reposo."

Antes de marchar de la Carlota escribió á las autoridades de Córdoba as intenciones con que iba á Sevilla, y aunque se me dirá que estas son municaciones privadas, adquieren señores el caracter de oficiales y au- icas, en razon á lo que voy á tener la honra de esponer al Congreso.

El comandante general de la provincia de Córdoba en comunicacion dirigida al capitan general de Granada y Jaen con fecha 19 de noviembre le dijo lo siguiente:

"Excmo. Sr.: A pesar de que ya conceptúo á V. E. enterado de las ocurrencias acaecidas en Sevilla el 17 del actual, réstame decir á V. E. que en esta provincia de mi mando no se acatan y obedecen otras órdenes que las que emanan de las autoridades constituidas por el gobierno de S. M. la Reina Gobernadora á nombre de su escelsa hija doña Isabel II, nuestra Reina. Lo que tengo el honor de poner en consideracion de V. E. para los fines que convenga. Dios guarde á V. E. muchos años. Córdoba 19 de noviembre de 1838.—Excmo. señor.—Sebastian Calzada.

"P. D. Por una carta que acaba de recibirse del general Narvaez, se sabe que marcha á Sevilla á conjurar la tempestad que amenaza y evitar los males que podrá producir.

CALZADA.

Esta comunicacion, señores, que impresa en Málaga en aquellos mismos dias antes que se supiera el giro que tomarian los asuntos de Sevilla, lo fue por órden de aquel capitan general, esto y las demas circunstancias que he referido, que no creo que nadie ponga en duda, le dá ya un carácter oficial. Esas autoridades de Córdoba que tan fieles han permanecido al gobierno, y que pueden presentarse como modelo, uno de los datos que tuvieron á la vista fue la carta escrita por el general Narvaez á una de ellas, la cual señores dice así:

"A mi llegada á esta (decia el general Narvaez desde la Carlota) llegaba tambien D. Manuel Cortina, que traia la comision de buscarme en cualquier punto donde me hallase para darme noticia del estado de Sevilla, del compromiso fuerte en que está el general Córdova, del peligro que corre el conde de Clonard, asi como la tranquilidad de aquella capital y acaso la de Cádiz. Todos los partidos dicen que se acallarán si yo me presento. Duro es el sacrificio; pero creo deberlo á la amistad de dos amigos mios y de un pueblo y una provincia que siempre me han honrado, y en la que tengo muy grandes simpatias. Lo hecho ya no tiene remedio; pero sí lo tiene grande, muy grande en sus consecuencias. Ojala pueda hacer un bien á mi pais! Desde Sevilla cuidaré de esta provincia y de sus apreciabilísimas autoridades."

Ahora bien, señores, ¿puede presentarse una serie de hechos mas claros ni mas coherentes unos con otros para demostrar el móvil, el impulso que llevó á Sevilla al general Narvaez? Me encuentro en una posicion que si en mi propósito estuviera esforzar los argumentos, pudiera decir que es tal la moralidad y la fuerza que resulta de estos documentos y de otros que pudiera citar y existen en las secretarias del despacho, que resultaria que se formaba causa, no solo á un inocente, sino á uno que habia prestado un eminente servicio: pero suprimo mil pruebas, porque es necesario que cuando el Congreso vote la formacion de causa quede siquiera alguna sombra de duda de que ha podido merecerla. Ademas, señores, el Congreso, como ha dicho el señor Sancho no es un tribunal de justicia, y no está en el caso de fallar; pero estas observaciones que he tenido el honor de esponer al Congreso interesaban á su propio decoro, y tengo la confianza de que no pueden haber embarazado en lo mas mínimo la marcha del gobierno ni el curso de la justicia.

En esta obra de pacificacion cabe señores una parte honrosa al general Córdova y á los demas individuos de la junta que muy eficazmente se unieron al general Narvaez para restituir la paz á Sevilla.

Cuanto hizo el general Narvaez en aquellos dias, señores, no fue alcanzado por providencias que tomase, sino por su influjo personal; las autoridades se pusieron en comunicacion con el gobierno, el movimiento no se transmitió á ninguna otra parte, y todo tuvo la solucion mas satisfactoria que las Córtes, el gobierno y el país pudieran apetecer.

Señores, bajo mi responsabilidad, pero apoyándome siempre en estos documentos, he hecho al Congreso una sencilla narracion de los actos del general Narvaez desde que en la Carlota encontró á los comisionados de Sevilla, y el Congreso habrá observado que parte tan honorífica desempeñó el general en aquellas dificiles circunstancias: pero el carácter que tengo aqui de amigo y defensor del interesado podria hacer parecer mi opinion, no digo sospechosa, pero sí privada de aquel carácter de rígida imparcialidad que en una cuestion de esta especie dá peso á la misma opinion. Voy, pues, á citar ahora dos documentos que nacen de autoridades á quienes las circunstancias pusieron, no en pugna con el general Narvaez, porque este no tomó ninguna posicion ofensiva, pero sí en el caso de tener interés en reprender sus actos; y que habiendo estado siempre en comunicacion con el gobierno, sus partes tienen un carácter oficial que no puede mirarse como parcial. En una comunicacion del general Sanjuanena, de 28 de de noviembre, encuentro, señores, esta frase:

"Ya mas tranquilos (los milicianos), principalmente por la persuacion del general Narvaez, quien debo confesar que en esta ocasion ha prestado servicios muy recomendables á la causa pública &c."

Esto dice el gefe de la fuerza armada que entró en Sevilla á concluir una cosa á la verdad no ya dificil de terminar, pero que sin duda tenia interés en presentar lo hecho como debido á sus esfuerzos ó sus

servicios; y sin embargo dice que debe á la cooperacion del general
Narvaez gran parte de aquel buen resultado.

No quiero molestar por mas tiempo al Congreso; he procurado
huir en la esposicion de los hechos el lenguaje de la pasion, he renunciado á escitar simpatias, he hecho al interés público el sacrificio
de grandes verdades. No creo haber pronunciado una palabra capaz de
estraviar esta discusion.

Ruego á los amigos del general Narvaez que no lleven la cuestion
mas allá de lo que yo la he llevado, y á los que piensen de otro modo
rogaria tambien que procuren dejar todo incidente capaz de renovar
aqui los términos de una deplorable contienda, que todos lamen-
tamos y que ojalá no encuentre eco en este recinto sino para contener demasias que amenazan de cerca la cansa de la libertad.

Concluyo diciendo que espero que el gobierno llenará todos sus
deberes, y que no solo mostrará en este asunto toda la imparcialidad,
justicia y probidad que su propio decoro pide haga brillar en él, sino
tambien la delicadeza de que la posicion particular de alguno de
individuos le hacen un deber de honor. Apoyo, pues, que se c
al gobierno la autorizacion que ha pedido para que mande formar c
sejo de guerra á los generales Córdova y Narvaez, á fin de que ambos tengan ocasion de justificar su conducta y se llene el objeto de la
ley en un asunto de tanta gravedad, mas pediria que el dictámen de
la comision se dividiera en dos partes, y qne la relativa al general
Narvaez se redactase en los términos que voy á leer, en el caso de
que el gobierno crea que esto no puede embarazar sus determinaciones.

"Respecto al diputado don Ramon Maria Narvaez, á fin de dejar
espedita la accion del gobierno para que sirva esta resolucion de ejemplo y de precedente de la escrupulosidad con que el Congreso procede
en todos los casos que afectan al órden público; y para que el mismo
diputado objeto de esta deliberacion tenga una ocasion solemne de evi-
denciar á los ojos de la nacion y de sus compañeros de armas, su
conducta durante los sucesos de Sevilla, se concede al gobierno la
autorizacion de proceder en los términos que lo ha pedido."

Señor Presidente: antes de insistir yo en que se tome en consideracion esta redaccion enteramente conforme con las ideas de la comision,
desearia oir la opinion del gobierno acerca de ella.

El Sr. PRESIDENTE manifestó que habiendo transcurrido las
cuatro horas prevenidas por el reglamento era necesario consultar al
Congreso si se prorogaria la sesion. Hecha la consulta, decidió el
Congreso negativamente, y anunciando el señor Presidente que mañana se continuaria esta discusion, cerró la sesion á las cinco.

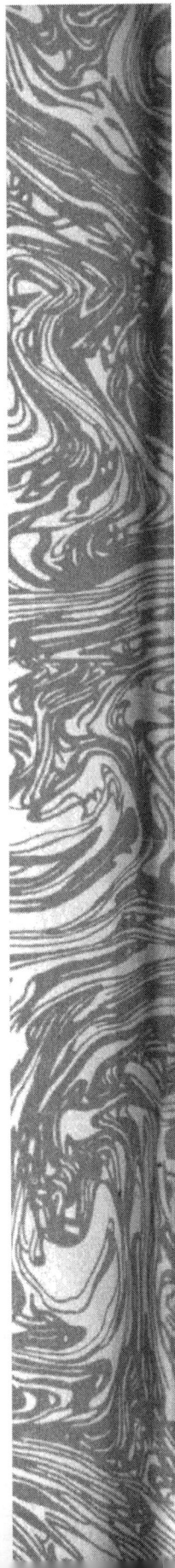

Milton Keynes UK
Ingram Content Group UK Ltd.
UKHW052027201124
451475UK00007B/65

9 781271 472789